U0926639

执行落地

于行 著

中国财富出版社

图书在版编目（CIP）数据

执行落地/于行著．—北京：中国财富出版社，2014．4

ISBN 978-7-5047-5144-7

Ⅰ．①执…　Ⅱ．①于…　Ⅲ．①企业管理　Ⅳ．①F270

中国版本图书馆 CIP 数据核字（2014）第 046130 号

策划编辑　刘天一　　**责任印制**　何崇杭

责任编辑　张冬梅　宋宪玲　　**责任校对**　梁　凡

出版发行　中国财富出版社

社　　址　北京市丰台区南四环西路 188 号 5 区 20 楼　　**邮政编码**　100070

电　　话　010-52227568（发行部）　　010-52227588 转 307（总编室）

010-68589540（读者服务部）　　010-52227588 转 305（质检部）

网　　址　http：//www.cfpress.com.cn

经　　销　新华书店

印　　刷　北京京都六环印刷厂

书　　号　ISBN 978-7-5047-5144-7/F·2107

开　　本　710mm×1000mm　1/16　　**版　　次**　2014 年 4 月第 1 版

印　　张　10　　**印　　次**　2014 年 4 月第 1 次印刷

字　　数　168 千字　　**定　　价**　32.00 元

序　　一

企业家的使命

父亲的一生是平凡而又伟大的一生，父亲的平凡是因为他是贫困地区一名普普通通的民办教师，一半身份是农民，一半身份是教师，然而，父亲又是伟大的，他从教生涯40年，桃李满天下，几次放弃进城和转行进政府工作的机会，直到累倒在工作岗位上，再也没有起来。父亲走的时候，全村几千人一个不少的给他送行，可谓“春蚕到死丝方尽，蜡炬成灰泪始干”。

这就是我的父亲于润才，父亲的理想就是不让一个孩子失学，让农村孩子也享受到最好的教育。我为了扶持父亲一生至高无上的事业，以他的名义成立了教育基金，用于支持贫困农村孩子的教育。

我从小家庭贫困，母亲靠挖野菜供我读书。我上高中时，父亲骑百里土路自行车送来一袋子没有油的发面饼，我吃到受潮长毛都没有扔，把毛扒掉继续吃。

大学时，我勤工俭学，同时担任四个孩子的家教，还摆过地摊，卖过油画，毕业后从事教育培训事业，出版畅销书《做最优秀的自己》，在人民大会堂演讲，成为多个国家级杂志封面人物，受到布赫副委员长接见。

这就是我——于行，我的使命就是教育产业报国、助力中国龙行天下。10年来，我带领团队走过全国至少100个地级以上城市开展企业家公益巡讲，多为黑龙江、吉林、内蒙古、甘肃等经济不发达地区，深受企业的欢迎。所到之处，不收企业一分钱，普及经营管理基本功，这些经济不发达地区普遍存在的问题是经营观念落后、经营理念滞后、信息不对称，我和我的团队不求轰轰烈烈，只求扎扎实实，切实帮助一大批企业更新观念、拓展思维。

我被媒体称为中国培训的真正拓荒者，有的媒体评论说：“古有孔子周游列国，今有于行巡讲神州”。在推广巡讲的路上，我至少遇到三次车毁人亡的车祸，每次都能化险为夷，也许是老天的眷顾，给我更多时间，创造更大价值，让我把巡讲事业推向所有有华人的地方，为民族经济腾飞做出贡献。

苹果已逝总裁乔布斯说：“我来到这个世界上不是来卖产品的，我们试图用我们仅有的天分去表达我们深层的感受，去表达我们对前人所有贡献的感激，去为这股洪流加上一点什么，那就是推动我的力量。我的激情所在是打造一家可以传世的公司，这家公司里的人动力十足地创造伟大的产品，其他的一切都是第二位的。”

这就是乔布斯的使命——活着就要改变世界。乔布斯说：“我讨厌一种人，他们把自己称为企业家，实际上真正想做的却是创建一家企业，然后把它卖掉或上市，他们就可以变现，一走了之，他们不愿意去做那些打造一家真正的公司所需要做的工作，也是商业领域里最艰难的工作，然而只有那样你才能真正有所贡献，为前人留下的遗产添砖加瓦。”

中国需要乔布斯这样的企业家，要不负重托，不辱使命，帮助客户、同人、股东、社会等利益相关者创造价值。企业家对全体同人的责任——改善提高同人的收入和福利，过上满意的生活；企业家对企业基业常青的责任——规划和践行企业长期、中期、短期战略；企业家对国家、民族和全社会的责任——企业作为国家的一分子，理应肩负起解决就业、依法纳税的义务和责任。

企业家也要有危机意识，这是一个全球化的时代，你的企业不是和你当地的企业在竞争，而是在和全世界同行竞争。美国盖洛普机构调研表明，中国民营企业的平均寿命只有2.9年，每3年中，100家企业有68家消亡。比尔·盖茨说：“我们离倒闭只有18个月。”英特尔总裁说：“在这个十倍速的时代，只有偏执狂才能成功!”

中国民营企业要转型升级，走出低谷：从低附加值加工制造的价格竞争到品质竞争到品牌竞争、从同行业竞争到跨行业合作、从模仿式竞争到创新性竞争、从单纯推销到营销组合、从团队薪资构成是单纯工资到提成、奖金、分红、股份等多种薪酬方式。

中国企业要贴近客户并进行专业化营销，贴近要求最苛刻的客户，把顶级客户作为创新伙伴和创新来源，时刻与客户保持零距离，超出客户的期望，永远不要让客户失望。不断思考：我们能为客户提供怎样的价值？这些价值是不是他们所需要的？

中国企业家要有大的格局、大的胸怀、大的定位，以实现中华民族伟大复兴的中国梦为根本，从我做起，从现在做起，实现一个从商人到真正的企业家的转变，做五十年、一百年的企业！

于　行

2013年6月

序　二

企业的竞争力来自团队的执行力

执行力是一个老生常谈而且必须谈的问题，连微软的比尔·盖茨都说："在未来10年内，我们所面临的挑战就是执行力。"没有执行力就没有竞争力。无论个人还是集体，执行力是决定成败的一个重要因素。

假如一个公司有再好的战略，而没有彻底执行的团队，那么这家公司就没有任何的竞争力，早晚会关门破产。战略只是空中楼阁，水中浮萍，光有战略没有执行，组织就会有方向没力量；光有执行没有战略，组织就会有力量没方向。企业发展，三分靠战略，七分靠执行，战略是方向盘，执行就是油门，执行力是企业竞争力的根本，企业必须下大力气提升执行力。

执行不力来自两个因素：只有计划，没有行动；有行动，不见结果。具体表现包括：没有达成共识、自以为是、行动混乱、员工能力不胜任、业务流程不合理。

假如一个公司有300名员工，只有老板一个人有执行力，299名员工不创造价值，没有执行力，这家企业迟早会倒闭，老板迟早会累死。这就好比老板一个人在拼命拉车，车上坐着299名他的员工，他们不但不能分担老板的重担，而且还抱怨老板怎么这么无能。中国传统的赛龙舟比赛讲的就是团队上下如一人的执行力，最终的获胜者不是每个参赛队员的能力很强，而是团队整体配合默契的强大。

一家企业，无论在任何阶段，永远都在围绕两件事情工作，第一件事情就是企业的战略，那么什么是企业的战略？也就是企业的方向、蓝图，或者简单地说就是企业在未来的五年十年，你到底要选择成为一家什么样的企业。一家没有战略的企业，就像一艘在大海中没有方向地航行的轮船，从任何一个方向刮来的风对它来说都是逆风。

可是，当我们战略确定之后，就一定能够实现吗？答案是不一定。所以，当我们战略确定之后，为了保证战略的实现，我们要做的第二件事情就是执行，也就是说要将战略不折不扣地执行到位！

所以我们发现有无数的人拥有伟大的梦想，但是只有极少数的人获得了成功；有无数的企业拥有伟大的构想，但也只有极少数的企业获得了成功，差别在哪里？差别就在于执行。

企业的竞争力来自团队的执行力，而执行力强的公司一定有其强大的基因。“兵熊熊一个，将熊熊一窝”，团队的基因来自老板倡导什么，如果企业具有鸡的基因，即使把雄鹰放在企业里，时间久了，鹰也会变成鸡。团队的第一要务是执行、执行、还是执行。

在执行的问题上没有半点的虚伪和马虎，因为成果会说明一切。说得天花乱坠、口吐莲花一点意义也没有，只有做到才是真正的执行型战士，成果等于战略和执行，三分靠战略，七分靠执行。

刘备空怀匡扶汉室的宏伟战略迟迟不能实现，直到拥有诸葛孔明、关张赵的执行型团队，才得以三分天下有其一。

《西游记》里的唐僧即使有西天取真经的战略方向，也必须有孙悟空、猪八戒、沙和尚、白龙马这样的执行型团队。

刘邦虽然从个人能力和素质上不及根正苗红、力拔山兮气盖世的项羽，但刘邦有一个强有力的执行型团队助其开创汉室江山，而项羽虽有谋士范增却不重用他，最后落得自刎乌江的下场。

格力空调品质和核心技术再好，也必须有董明珠带领的执行型团队才能创造奇迹。

海尔由一家乡镇小厂发展成为世界白色家电巨头，其中一个重要原因便是，张瑞敏果断砸毁76台不合格冰箱带来海尔人执行力的迅速提升。

没有人拒绝改变，但人人都拒绝被改变。执行力提升的根本在于改变员工的思想观念，只有通过教育和训练改变员工的思维和行为方式，才能推动企业成为执行力强大的企业。

于 行

2013 年 12 月

目　录

第一章 落地执行的五大思维

落地执行力指的是执行团队能彻底贯彻组织战略意图，百分之百完成预定目标的操作能力。它是企业核心竞争力的根本，是把企业战略规划转化成为最终成果的关键。

通用公司前任总裁韦尔奇先生认为，所谓团队执行力就是“企业奖惩制度的严格实施”。而中国著名企业家柳传志先生认为，团队执行力就是“用合适的人，干合适的事”。综上所述，落地执行力就是“当上级下达指令或要求后，迅速做出反应，将其彻底贯彻或者执行下去并拿到成果的能力”。

第一节 责任思维——责任心是根源

解决问题而不是推卸责任，对一个人的工作效率至关重要。聪明人不会去纠缠谁该负责任这个问题，而是把精力和时间投放到解决问题的办法上。所以，成功的人总是想办法解决问题；失败的人总是想办法推卸责任。

我认识一位遇到任何问题都能把责任推得干干净净的人，此人属于中层管理者，手下原本有十几个人。由于他将任何责任都往手下人身上推，而手下人有任何功劳他又都往自己身上揽，所以他的手下员工流动频繁，没人愿意在他的部门工作。

最后，他的部门人员从十几个人减少到了两个人。而且，由于其他部门的同事都知道了他的做事风格，也都不愿意跟他合作。虽然此人擅长溜须拍马，深得领导喜爱，领导也不得不将他降职为普通员工使用。

1. 职场通病：这不是我的错

深圳有一人家雇用了一个保姆看孩子，一段时间后发现孩子的精神状态委靡不振，昏昏欲睡，不知什么原因。

有一天，家长上班走后发现钥匙没带又折返回来，看到孩子睡着了，旁边有一瓶安眠药已打开，在家长的追问下，保姆承认了给孩子下药的事实，原来她嫌孩子哭闹图省事。我们回过头试问一下，孩子的母亲会不会因为孩子哭闹给孩子吃安眠药呢？

今天的职场有太多保姆式的员工，这些人没有责任心，当一天和尚撞一天钟，吊儿郎当，敷衍了事，他们把企业交付的工作当成别人的孩子，分内的事都不想做，凡事拈轻怕重，冷漠自私，他们没有崇高的职业理想，他们怎么会有成长和进步呢？

什么叫责任？责任就是敢于承担对自己不利的后果。在多年的培训过程中，我发现大多数企业缺乏执行力，其中一个非常重要的因素就是各部门之间互相推卸责任，一旦遇到问题，要么把责任推给下面的员工，要么把责任推给其他的部门，要么就把责任推给上面的领导，从来不会进行自我反省，这就是企业管理当中一个常见的现象：怪圈现象。

所以你会发现，如果一个企业长时间形成了这种怪圈现象，就会严重破坏这个企业的组织执行能力。

一家公司的年终总结会成了推诿扯皮会，当总经理问年初的销售计划为何没有实现时，销售部经理马上解释说："这完全是设计部的问题，设计出的产品没有任何竞争力。"

设计部马上不干了，设计部经理说："这与我们设计部没有关系，都是产品定价太高造成的。"采购部经理马上说："这与我们采购部门没有任何关系，为什么产品成本上升，是因为原材料产地俄罗斯一座矿山爆炸了。"

最终这家公司的年终总结会不欢而散，没有找到任何问题，也没有人站出来承担责任。

于行博士点拨：今天执行力不佳的企业通常表现为缺乏责任心，死守教条，各自为政，人浮于事，工作缺乏激情，缺乏认真态度，缺乏积极性和主动性，缺乏协作互助的团队精神，再加上内外部环境恶化，危机四伏。

2. 内向思维：我是一切的根源

在我们企业当中，一个没有责任感的员工，他是不是一个合格的员工呢？不是！那么，什么才是真正的责任？责任除以二等于零，当有两个人负责一项任务的成败时，最后就没有人担责。当结果不力时，真正的执行者会主动站出来说：“这都是我的错。”

每天工作结束后，回想一天的努力，不妨反省一下自己：今天我是麻烦终结者还是麻烦制造者？领导力大小取决于承担责任的大小，把所有责任都自己扛，兄弟们都会跟你混。

责任思维的关键就是管理者要以身作则，身教大于言教。每次课程的现场，我都和大家做一个小小的互动：请大家伸出右手放在自己的额头上。但事实上我们大多数伙伴都把右手放在了哪里呢？放在了下巴上。我让大家把手放在额头上，为什么大多数人放在下巴上了呢？

那是因为我在台上演讲，大家都在看我怎么做，这个小小的互动说明了什么呢？说明在我们的企业管理当中，员工大多不会听我们怎么说，而是在看我们怎么做。

我经常在企业里做培训，很多主管向我反映：“于行老师，我发现每次我在的时候，下面的员工就很听话，当我一离开的时候他们就乱七八糟的。”主管们总是在抱怨员工的素质差。

这个时候，我经常会告诉他们一句话：强将手下无弱兵，有弱兵的话注定你不是强将。问题不在于兵，而在于将，员工有问题，首先是我们的部门主管一定有非常大的问题，因为一群绵羊让一只老虎带通通会变成老虎，同样一群老虎让一只绵羊带通通会变成绵羊。

御驾亲征，老板要从自身找原因，出现问题要思考——我哪里做得还不够好？这是真正的执行。山姆·沃尔顿，沃尔玛创始人，他在世时，财富排名世界第一，他的沃尔玛零售王国是如何缔造的？

《财富》杂志记者采访他，途中山姆突然说："停车！"然后把整车人带到路旁一家写着"即将倒闭大拍卖"的商店前，"我们进去向他们学习。"就在大家不解时，山姆说，"一定要避免这家公司失败的原因，只有这样，我们才能守住既有的成功！"

山姆·沃尔顿以身作则说明一个道理：任何时候一个有执行力的公司都是领导人懂得自我反省的公司，没有什么比自我反省更能告诉大家公司的问题是什么。

所以对于管理者最重要的一点就是要学会自我反省。你会发现，在这个世界上有两种类型的管理者。一种叫内向型思维模式管理者，这种类型的管理者，任何事情的发生都会找自己的、自己部门的问题，即使最应负责任的是其他部门，他还是会从自己身上找原因，所以你会发现这种类型的管理者，他的管理水平会不断地提升；另一种叫外向型思维模式管理者，这些人思考模式刚好相反，一旦发生问题，他会想尽一切办法把责任推的一干二净，你会发现，在这样的管理者身上同样的错误会持续发生，而他们提升自己管理水平的速度也会非常缓慢。

如果一个团队大量地存在这种外向型思维模式管理者，也就是存在推卸责任的行为，那么这个团队执行力会不会强？

不会。所以你会发现，凡是有推卸责任的行为发生，我们就找不到责任人，而找不到责任人，我们就无法将制度真正地执行下去。执行的重点就是要做一个内向型思维模式而不是外向型思维模式的管理者。

外向型思维者他们把自己标榜为受害者，凡事出问题都从别人身上找原因，他们信奉的哲学都是因为别人自己才这么不幸。企业的强大和弱小取决于团队中负责任的同人的数量。

凡是成功者做任何事都勇往直前，敢打敢冲。很多失败者的口头禅是"等到什么什么时候，我就如何如何"，他们常常观望、说空话，成功者是"我现在立刻采取行动"，缺少行动力就是缺少一个字"干"。

于行博士点拨：责任心决定工作绩效，责任心的要素包括诚信、规则、创新、自觉、成果，责任心提升让同人实现从被动到主动、从能人到机制、从人管人到制度管人、从权力驱动到监督检查驱动的四大转变。

评价一个人是否具有很强的执行力，有以下要素：高度负责、重视团队合作、好胜心强、人际关系良好、做事有韧性、做事注重细节、做事积极主动、分析判断力强、应变力强、诚信、求知欲望强。

3. 责任心：责任创造卓越

西点军校建校 200 多年来，为美国培养了许多军事人才，其中有 3700 多人成为将军，4 人成为 5 星上将，仅 1915 届 164 名毕业生中就有 59 位将军，两位五星上将——艾森豪威尔、布莱德利。

西点军校被誉为美国陆军将帅的摇篮，将星升起的地方。西点军校也成为世界上最成功和最著名的军校之一。第二次世界大战以后，在世界 500 强企业里面，毕业于西点军校的董事长有 1000 多名，副董事长有 2000 多名，总经理董事有 5000 多名，任何商学院都没有培养出这么优秀的经营管理者。

一所军校不仅培养众多的军事人才，还培养那么多企业高级人才，正因为如此，它和苏联伏龙芝、英国桑赫斯特、中国黄埔并列为四大军校，成为独树一帜的著名军校和培养优秀管理人才的学校。

为什么西点军校能出这么多人才？答案在于西点军校的准则——责任、荣誉、国家，责任排第一位。

与发达国家相比，我们能找出许许多多、方方面面的差距，其中一个最突出问题是：我们的公司效能总比人家“慢半拍”。原因何在？

原因在执行力上。执行力不强，是制约企业发展的“瓶颈”，是相当一部分工作人员的“通病”。其突出表现为：在执行效果方面，决策部门的方案在执行过程中，标准渐渐降低，许多方案的结果与要求大相径庭；在执行速度方面，政策方案在执行过程中，经常被延误，被一推三挡，一些工作最终不了了之；在执行力度方面，一些方案在执行过程中，力度越来越小，落实越来越差，形成虎头蛇尾。

治疗这一顽症，需要以责任心提高执行力！英国前首相丘吉尔说：高尚、伟大的同义词就是责任。确实，在具体工作中，有责任心，就会把克服阻力、解决困难作为一种勇于担当的责任、推进工作的动力、体现价值的机会，就能够想方设法克服方方面面的阻力，充分发挥自己的聪明才智解决问题，推动工作。

有责任心，考虑问题、做事情就能够从全局、从集体的利益出发，勇于承担责任，敢于较真，绝不会心存侥幸、贻误工作。

有责任心，就有咬定青山不放松的韧劲，凡事不会一批了之、一讲了之、一开会了之、一发文了之，而是时刻关注，紧盯不放，跟踪督办，追踪到底，做到事事有回音、件件有反馈。

总之，工作有责任心，执行力就有了筋骨，执行力的实施就有了落脚的根基，执行力的实施过程就会被赋予激情和活力。一句话，责任创造卓越！

缺乏责任心和使命感，工作不在状态，满足于“混日子、守摊子”，甚至有人认为，只要不违纪违法，谁也奈何我不得。这些情形，已成为制约企业执行力的“瓶颈”。

履责，就是忠诚自己所负的使命，以强烈的责任感，把工作挂在心上、抓在手上，克服方方面面的阻力和困难，不折不扣地完成本职工作。

履责不力，就要问责。问责是改变公司工作作风的“铁手腕”。不问责，责任就被虚化；有错问责、无为问责，就会“为者负其责”。三鹿奶粉事件、山西垮坝事件、深圳大火事件，一批官员落马。治顽症需猛药。以责任之心提高执行力，我们确实需要在问责上来实的、动真的。

问责，要坚持高标准、严要求，明确目标，落实责任，做到每一项工作有安排、有检查、有考核；要敢于碰硬，敢于打破人情关，对工作落实不力、未按标准做到位的，一定要严肃处理。事前问责是提醒，事中问责是督促，事后问责是奖惩。只有把定责、履责和问责结合起来，才能在企业里确立一种良性的责任导向，提升公司执行力，使广大同人想干事、能干事、干成事，想作为、会作为、有作为。

于行博士点拨：认真只能把事情做对，用心才能把事情做好。你的收入取决于你给企业贡献的绩效，你的绩效来自你的态度和能力，态度就是责任心，能力就是你的工作技能。当今职场中的主要矛盾是老板与员工之间的矛盾：从老板的角度，干多少活，拿多少钱；从员工的角度，给多少钱，干多少活。

员工只有扭转这种工作观念，才能在职业生涯中有所突破。今天所有优秀的职场人的共性都是全力以赴干好自己分内事，多干自己分外的事。只有多干分外的事，才能获得额外的锻炼、额外的技能、额外的机会和额外的回报。

4. 魔鬼出于细微，执行从点滴做起

“天下难事，必做于易；天下大事，必作于细。”细节最能衡量一个部门和单位的工作认识到位不到位，功夫到家不到家，举措落实不落实；细节最能体现公司人员作风深入不深入，工作负责不负责，行为在不在状态。

提高工作执行力，说到底就是从细节着手，把工作落到实处。抓落实，求实效，就要从细节做起，坚决克服大而空的倾向，在抓具体、求精细方面做文章，不断提高操作能力，加大落实力度；就要牢固树立细而实的观念，以精益求精的态度、追求卓越的理念，不折不扣地完成各项工作。

然而，在现实工作中，细节因其“小”，容易被人忽视；因其“细”，也常常使人感到烦琐，不屑一顾。譬如，有些工作人员工作中看不到细节，或者不把细节当回事，结果不仅制约了公司效能的提高，甚至还造成人民群众生命财产的损失。

我们都为神舟飞天自豪，可有多少人了解航天人的工作精神？10 多万航天人提出了“零缺陷、零故障、零疑点”，“严上加严、细上加细、慎之又慎、精益求精”，“一丝不苟、分秒不差”等极其负责任的口号。

工作中，他们不敢有一丝一毫的懈怠，对任何一个细微的环节，务必经过缜密的设计和反复的实验，绝对不能有丝毫的纰漏。相反，美国“哥伦比亚”号航天飞机，发射时机毁人亡，其原因，就是飞机上小片隔热瓦脱落。

我们不缺少雄才伟略的战略家，缺少的是精益求精的执行者；不缺少各种管理制度，缺少的是对规章制度不折不扣的执行者。

正所谓“泰山不择细壤，故能成其高；大海不择小流，故能成其深”。当然，注重细节，绝不是不分主次，眉毛胡子一把抓。注重细节，这是一种理念，一种态度，一种责任。让我们牢固树立起责任意识，从每个步骤和每个环节抓起，从点点滴滴做起，切实提高工作执行力。

于行博士点拨：责任心包括细心、耐心、自动自发、奉献意识、危机意识、学习意识，如果把这种责任心内化于心、外化于行，就会彻底提升产品质量、服务质量和工作质量，做人做事必须注重细节，细微之处见用心。

每天进步一点点、把简单的事做好千万次叫作不简单，把容易的事做好千万次叫作不容易。

5. 责任感是执行的保障

一个不管在什么情况下都能严格执行上司命令的员工，一定是一个充满使命感的员工。但是，一个充满使命感的员工却不一定能把一份工作做好，要想把工作做好，他还需要有对工作的责任感。

也就是说，责任感才是执行到位的基础。特别是在公司还处在发展状态下，没有标准化的工作流程和详细的作业计划的时候，个人的责任感就显得尤为重要。

责任感的真实含义其实就是主动性。毫无疑问，所有的上司都希望自己的手下在工作的时候能够主动、主动、再主动。但我们看到的实际情况是，除了那些对自己的职业生涯有明确规划的员工，其他员工基本上不会出现主动工作的状况。更甚者，即使在上司的监视下，一些员工也会能少干就少干，能不干就不干。

是什么造成了这种现象？答案就是责任感的缺失。在具体分析责任感的内涵之前，我们不妨先看一看有责任感的外在表现是什么：

美国标准石油公司曾经有一位小职员叫阿基勃特。他在出差住旅馆的时候，总是在自己签名的下方写上“每桶 4 美元的标准石油”字样，在书信及收据上也不例外，签了名，就一定写上那几个字。他因此被同事叫做“每桶 4 美元”，而他的真名倒没有人叫了。

公司董事长洛克菲勒知道这件事后说：“竟有职员如此努力宣传公司，我要见见他。”于是邀请阿基勃特共进晚餐。席间，洛克菲勒问阿基勃特：“别人用‘每桶 4 美元’的外号叫你，你为什么不生气呢?”阿基勃特答道：“‘每桶 4 美元’不正是我们公司的宣传语吗？别人叫我一次，就是替公司免费做了一次宣传，我为什么要生气呢?”洛克菲勒感叹道：“时时处处都不忘为公司做宣传，我们需要的正是这样的员工。”

5 年后，洛克菲勒卸任，阿基勃特成了美国标准石油公司第二任董事长。

于行博士点拨：谁都能做到的事，只有阿基勃特一个人做了，并坚持把这件小事做到了极致，乐此不疲，这就是责任感，一种为公司付出的责任感。

责任感是一种个人选择，它意味着无论面对多么困难的环境或者是突发事件，你都会积极主动地想出办法解决问题，实现工作目标。

第二节　成果思维——尊严来自成果

1. 交换原则：用成果交换，用成果算账

万大大庆公司董事长获得了一个 2000 万大单，对方公司要求该公司在当天

准备好资料递交给他们审核，董事长让总经理将公司资料准备齐全，并于当天下班前将资料分别用传真和快递交送给对方企业，并把对方企业的地址及电话抄给了总经理。总经理接到命令后便交给市场部马主任，要求市场部负责处理此事。

市场部马主任分配给业务骨干艾雪跟进此事，艾雪准备好资料交给马主任审核，由于艾雪要会见一个客户，于是吩咐新入职的明真，马主任审核完资料后，请明真帮忙传真给客户，并将材料用快递寄给对方。

由于明真不会发传真，就请行政部于双帮忙发，自己则去联系快递公司发快递，对方是自动传真机，于双很快就将文件传了过去。下班前，艾雪赶了回来问事情办好了没有，明真汇报说，快递公司已经把文件取走了，传真于双帮忙传出去了。艾雪于是向马主任汇报情况，马主任跟总经理回报，总经理跟董事长回报，董事长很高兴。

第二天中午，董事长气急败坏地回来，问总经理对方为什么没有收到任何文件，总经理层层追责：马主任说交代给艾雪，艾雪说交代给明真，明真说让于双帮发的。最后总经理发现，原来于双发传真时正好对方没纸了。同时由于连天大雪，快递无法送达，明真还把联系电话写错了。

在这个案例里，好像每个人都尽了自己的职责去做事，为什么大单还是丢了呢？因为大家只是靠职责做事，而没有以结果说话。职责意识害死人，只有成果意识的提高才能保证最终的结果。

在职场上最宝贵的思维是成果思维，成果思维说到底就是一种商业交换关系，如果员工不能提供对企业有价值的结果，他就会失去在企业中存在的价值。如果不能为企业创造价值，无论多么辛苦，都是负债。如果你想在企业里得到更多，你就要给企业创造更大的价值，这是在职场上生存的底线。

一家企业的成果等于全体员工对企业创造价值的结果总和，你给企业贡献的价值多少决定你的薪资水准。努力、付出、职责、辛苦、任务都不等于成果，为别人做、全力应付、打工、交差、迟到早退等职场乱象都是由于没有摆正你的位置，心态出了问题，如果不进行调整迟早会被动下岗，而这些负面态度和坏习惯也会影响你在新岗位的工作成果。

子行博士点拨：只有拥有做事业的心态，本着为自己而战、全力以赴、做自己人生的总经理、为企业和客户解决问题的态度才能在职场上大有作为、形成自己在职场上的品牌。

2. 底线原则：要有大写的商业人格

在远古时代的某一天，蜥蜴对恐龙说：我们发现天上有颗星星越来越大，很可能要撞上我们了。恐龙却不以为然，对蜥蜴说：该来的终究会来，难道你认为凭咱们的力量可以把这颗星星推开吗？

那一天终于来了，那颗越来越大的星星撞到地球上，引起强烈的地震和火山喷发，恐龙们四处奔逃，但最终在灾难中死去。而那些蜥蜴呢，因为提前做好了准备，爬进了早已挖掘好的洞穴，而幸免于难。

在灾难来临时，动物的底线是活下去；在职场上，职业人的底线是为企业创造价值而不是消耗价值，成为企业的资产而不是负债。我们应拥有健全的商业人格，做人有底线，人生有尊严，做最好的准备，争取最佳的成果。

为什么不行动？因为要看别人怎么做。为什么心情烦躁？因为热衷于内部比较。为什么不做结果？因为心中没有原则。为什么不负责任？因为期望别人承担。这就是商业人格的缺失！

为什么大部分员工缺少商业人格？因为受到中国传统文化的影响。

（1）人治文化

人治文化讲究“用人不疑，疑人不用”，“能人第一，制度第二”——依靠某个人的能力来支撑企业发展，缺乏组织执行力，同时“能人体制”容易受到一两个人的影响，使企业缺乏稳定性和持久性。而现代企业管理讲究“用人要疑”，“制度第一，能人第二”！

（2）含糊文化

含糊文化讲究“大道无术”，缺乏量化管理——含糊文化强调悟性，因此会导致企业在业绩考核上缺乏依据，没有考核就不能形成公平的激励机制，员工就缺乏工作热情。而现代企业管理讲究“大道有术”——量化管理。

（3）熟人文化

熟人文化讲究“情理服人”，“情在前、理在后”——依靠关系和情感来管理公司，同事之间讲交情、讲关系，从而导致企业制度的人为破坏，管理就会变得混乱。而现代企业管理讲究“理在前、情在后”，制度执行力的前提是法不容情。

熟人环境里永远实现不了职业化！何谓职业？职业是一个特定的社会角色，是个人获取生活来源的一项主要手段，是一条自我实现之路。何谓职位？职位是承担责任塑造能力的岗位，是执行公司策略、达成公司目标的重要环节，是自我实现的特定阶段。

英国某家报纸曾举办一项高额奖金的有奖征答活动。题目是：在一个充气不足的热气球上，载着三位关系世界兴亡命运的科学家。

第一位是环保专家，他的研究可使无数人免于因环境污染而面临死亡的噩运。

第二位是核子专家，他有能力防止全球性的核子战争，使地球免于遭受灭亡的绝境。

第三位是粮食专家，他能在不毛之地，运用专业知识成功地种植食物，使几千万人脱离饥荒而亡的命运。

此刻热气球即将坠毁，必须丢出一个人以减轻载重，使其余两个人得以存活，请问该丢下哪一位科学家？

问题刊出之后，因为奖金数额庞大，信件如雪片飞来。在这些信中，每个人皆竭尽所能，甚至天马行空地阐述他们认为必须丢下哪位科学家的宏观见解。

最后结果揭晓，巨额奖金的得主是一个小男孩。他的答案是——将最胖的那位科学家丢出去。

子行博士点拨：这个问题的根本是此刻热气球即将坠毁，必须丢出一个人以减轻载重，使其余的两个人得以存活，请问该丢下哪一位科学家？底线是减轻载重，使其余的两个人得以存活。执行团队必须明确执行成果的底线是什么。

3. 镜子思维：走出以自我为中心的思维方式

在一个美丽的海滩上有一个茅草屋，茅草屋有一面是没有墙的，在对着大海的那面墙上挂着三面镜子。

第一面镜子凹凸不平，而且上面很脏，沾满了泥点。

第二面镜子是一个非常精美的镜子，这个镜框做得非常精美，金碧辉煌，华丽高贵。

第三面镜子是一面光秃秃的镜子，很干净，镜面很平整，没有镜框，只是一面普通的镜子挂在墙上。

从这三面镜子里面我们看到了什么？第一面镜子，我们看到的是一个很脏的凹凸不平的镜子；第二面镜子，我们看到的是一个非常精美、非常华丽的镜框，那个镜框华丽得简直让我们非常想拥有它；在看到第三面镜子的时候，我们看到了一片美丽的海景。

基层应该具备的思维方式是：你是谁不重要，你做了什么很重要；你做事之后的结果更重要；第三面镜子告诉我们，我是谁不重要，重要的是我照出了风景，照出了客户价值。如果不具备这种思维方式，我们在执行上就很难突破。

在博弈论经济学中，“智猪博弈”是著名的纳什均衡的例子。假设猪圈里有一头大猪和一头小猪，两头猪在同一个食槽里进食，并且这两头猪都是极具智慧的“智猪”。

猪圈两头距离很远，一头安装了踏板，另一头是饲料的出口和食槽。踩一下，就会有相当于10个单位的饲料进槽，但是踩踏板和跑到食槽处所需要消耗的能量相当于2个单位的饲料。两头猪都有两个选择：自己去踩踏板或是等待另一头猪去踩踏板。

假如大猪先去踩踏板，它将比小猪后到食槽，除去大猪运动消耗，双方纯得益比大猪：小猪为6：4，若大猪选择等待，其得益为0；假如小猪先踩踏板，它将比大猪后到食槽，吃到的饲料少，除去运动消耗，双方纯得益比大猪：小猪为9：(－1)，若小猪选择等待，其得益为0；假如两头猪同时踩踏板，双方纯得益比大猪：小猪为5：1；假如两头猪都选择等待，双方吃不到饲料，双方得益都为0。

在这个博弈中，小猪是具有选择优势的，无论大猪是选择行动还是等待，小猪的最优选择都是等待——行动只会让它白白消耗能量。而大猪则不同，对它来说，选择行动优于等待。因此，最佳的方案是大猪行动，小猪等待。

其实员工与企业之间也是一个“智猪博弈”的过程，不过在这里，企业是“小猪”，具有选择优势，而员工是“大猪”，必须不停奔波。正如富兰克林所说，是“你追求工作，不是工作追求你”。

我们来详细分析一下为什么员工是“大猪”，企业是“小猪”。在员工与企业的博弈中，员工有两种选择，努力工作和敷衍工作。

如果员工努力工作，那么企业和自己都受益；如果敷衍工作，给多少钱干多少活，久而久之，不是你选择辞职，就是企业对你不满意而辞退你，你的收益自然大受损失，就如博弈中的“大猪”，只有行动才有收益，不行动则不受益，甚至受损。

企业也有两种选择，要么主动激励员工——这样风险很大，收益为负数，因此，很少有企业会作出这样的决定；要么选择等待，等待员工行动，如果单个员工不主动积极工作，企业也能维持基本的运转，收益并不受损，即使员工辞职，也会立刻有人来补充这个岗位，对收益没有太大的影响。因此，企业具有选择等待的优势，相当于博弈中的“小猪”。

子行博士点拨：在员工与企业的博弈中，员工是大猪，企业是小猪，企业占据着主动优势。所以一个聪明的员工应该选择在工作中多付出，为工作付出越多，得到的利益也越多。否则，受伤害的是员工自己。

4. 价值原则：做企业资产，不做企业负债

在市场上，作为一名职业化的员工、一位职业化的领导者，或者说未来想成为一位优秀的企业家的话，任何一个人都必须明白，我们要靠给企业提供结果才可以生存，没有结果我们很难生存。

在我们的工作当中，其实很多情况我们是为了完成任务而完成任务，而不是为了追求完成任务的结果。今天，上级领导给我们下达任务的目的是什么？他们要的就是结果，我为什么要反复强调结果呢？

因为企业是靠结果生存的。在战场上无论是敌强我弱，无论是敌众我寡，无论敌人的武器多么精良，无论天气多么恶劣，道路多么曲折，这些都不是我们没战胜对手、没打败敌人的理由。

我们战胜敌人只与一个问题有关：我们要不要做一个为国家、为人民、为军队负责任的战士？同样在企业里面，无论我们的领导上司懂不懂管理，无论各部门同事跟不跟我们配合，无论我们的设备先不先进，都不是你不为企业提供结果的理由，你提供结果只跟一个问题有关：你要不要做一个职业化的管理者？

下面我就结果和任务和大家交流一下，结果意味着什么？

①意味着企业的生死。

②意味着商业交换。

③意味着每个人不同的人生。

没有结果的企业和个人都无法生存。但是在企业和团队里，有很多员工在做事的时候，只做任务，不做结果。那么，什么是任务呢？任务有“三事”：

①完成差事，按照你的意思去做了，但没有注重结果。

②例行公事，该走的流程都走了，但是没有结果。

③应付了事，做一天和尚撞一天钟，做事不求质量，不求细节。

有这样一个故事，在俄罗斯开放以后，就有人去俄罗斯旅行，结果有一次一位徒步旅行者在旅行途中，看到两个俄罗斯人，一个人在用铁锹挖坑，另一个人在填土，一个坑刚被挖好，另一个人就把土填上，旅行者就很不理解，想来想去也不知道他们俩在干什么，就过去问他们：“请问你们在干吗呀？”他们说：“我们在种树啊！”“种树？那树呢？”他们说：“我们本来一组有三个人，一个人挖坑，一个人放树苗，一个人填土，可是今天放树苗的人没来，所以我们就一个人挖坑，一个人填土。”

各位，请问这是在做任务还是在做结果？答案显而易见。可是在工作上，我们有很多时候都是这样做的，我只做好我自己的就可以了，你做不做好不关我的事，领导要我办的我都办了，该走的程序我也都走了，结果不好那都是你的责任，跟我可没关系。这是一个典型的做任务不做结果的案例。

沃尔玛百货是由美国零售业的传奇人物山姆·沃尔顿于1962年在阿肯色州成立的。经过50多年的发展，目前沃尔玛在全球十五个国家开设了超过8500家商场，220多万名员工，2013年全球销售额达到4691亿美元，连续多年荣登《财富》杂志世界500强企业。

沃尔玛引起大家关注的不只是它超低的价格，还有它开展的“三米微笑”服务。这是沃尔玛开办50多年来一直都在遵循的非常重要的一个原则，从而根深蒂固地植入到员工的每一个细胞。有一年圣诞节晚上，山姆·沃尔顿在全美国的电视台，代表他的员工向所有美国人民承诺：“我愿意带领我的员工实行‘三米微笑’的原则，当顾客走进沃尔玛，我们在三米线之内都会微笑地面对他，并且跟他讲‘有什么我可以帮助您的吗？’”

海尔集团是在青岛电冰箱总厂的基础上发展起来的国家特大型企业。海尔集团在总裁张瑞敏提出的“名牌战略”思想指导下，通过技术开发、精细化管理、资本运营、兼并控股及国际化，使一个亏空147万元的集体小厂迅速成长为中国家电第一名牌。

海尔在创业初期只有一种产品，全厂职工不到800人，现在海尔拥有42大门类8600余规格品种的名牌产品群，职工2万多人。海尔从引进冰箱技术起步，现在依靠成熟的技术和雄厚的实力在东南亚、欧洲等地设厂，并实现成套家电技术向欧洲发达国家出口的历史性突破。

海尔的服务跟张瑞敏有没有关系？基本上没有关系。海尔的团队是他打造的，但是海尔的服务是靠什么？是靠它的服务团队、销售团队、一批文化程度并不高的普通人群，他们可以给顾客提供“五星级”的售后服务，从而建立起顾客忠诚度。所以这才是海尔发展壮大的原因，也是构成海尔核心竞争力的原因。

领导叫小张去买一张“十一”从大庆去加格达奇的车票，结果小张10分钟后就敲老板的门，说没有车票。而且还说了很多理由，诸如发洪水火车不通了、“十一”假期人太多了等。老板又叫来小李去买，小李回来汇报说，从大庆没有直达加格达奇的火车，但可以选择三条线路：一是坐汽车到哈尔滨倒到加格达奇的火车；二是坐汽车到齐齐哈尔倒到加格达奇的火车；三是乘飞机从哈尔滨到加格达奇。还说回城如何如何，可见谁的价值意识更强！

领导叫小王去买书，小王先到了第一家书店，书店老板说："刚卖完。"之后又去了第二家书店，营业员说已经去进货去了，要隔几天才有；之后小王又去了第三家书店，而这家书店根本就没有。

眼看就要到下班的时间了，小王只好回公司，见到领导后，小王说："跑了三家书店都没有，都快累死了，过几天我再去看看！"领导看着满头大汗的小王，欲言又止……

请问，小王有没有执行力？领导叫小王去买书，小王有没有推卸责任、寻找借口？没有。但这一切够不够？根本不够，因为执行最重要的就是要我们拿出价值。

在我们公司有这样的一条文化理念：有成果就有报酬，无成果是耻辱！所以我们首先要明白一个问题：领导到底叫小王干什么？

领导不是叫小王去买书，买书并不重要，领导叫小王做的是买到书。买书是执行任务，而买到书才是执行的成果，领导要的不是任务而是成果。那么，小王在买书的过程中努不努力？认不认真？付没付出？

很显然，小王非常努力、非常认真也付出了很多。但是光有努力是不够的，光有认真和付出也是不够的。大家说小王有没有苦劳？不仅是有苦劳，还很疲劳是不是？但是小王有没有功劳？没有功劳，我想告诉大家的是：苦劳不是最值钱的，那么什么才最值钱？功劳才最值钱！

企业要的是功劳而不是苦劳。企业之所以可以发展是因为员工提供了功劳而非苦劳，很多企业执行力低下其中一个非常重要的原因就是大多数员工还停留在苦劳思维，而非功劳思维和成果思维。

对企业没有价值的结果，无论你多么辛苦，你的辛苦都是不值钱的。价值是靠员工提供的，无数个员工的价值构成了企业的价值，员工不提供价值，企业就会死亡。任务不等于价值，努力不等于价值，付出不等于价值，苦劳不等于价值！

任何执行力强的公司都是强调价值导向和成果导向的公司，企业的基本天职是创造价值和提供成果。员工要通过提供对企业有价值的结果而有尊严地活着。不能为企业创造价值，无论多么辛苦，都是企业的负债。无论你的老板懂不懂管理，无论你的同事是否配合，都不是你不提供价值的理由。

如果完成任务，还可以得到奖励，人们就不会为成果有无价值负责任；如果过程到位还能得到奖励，就无形中培养了团队的任务惯性。

怎样让团队具有不折不扣的执行力？一是制定和调整激励机制，形成优胜劣汰的执行环境；二是要加强团队执行文化的系统建设。员工因不遵守企业规则而坐冷板凳，被企业辞退，企业因不遵守市场规则而损失金钱，行路人或驾车者因不遵守交通规则而发生车祸，因此个人和企业都要遵守规则，遵循规律，用价值交换，用成果说话。

因此，我们在执行的过程中不能满足于“我已经做了”、“我已经做完了”的思维习惯。而是要以“我一定要做好，做到位”、“做出价值来”作为我们的指导思想，这才是真正的价值思维。

公司的发展和壮大取决于“打粮”的人多，“吃粮”的人少，只有提供价值的员工才是公司的中流砥柱，这样的员工才会获得公司的认可和赞美。如果你提供了比别人更好的价值，你就能比别人得到更多的认可、更多的尊重、更多的发展空间以及更多的报酬。而如果你不能提供价值，你将一无所有。

子行博士点拨：价值是一座丰碑，价值是一种精神。对于商业化运营的公司来说，无论你多辛苦，如果你的客户不埋单，你所创造出来的价值就不值一文，不管是老板还是员工，都必须站在客户的角度去思考结果，没有价值的东西没有意义；对于企业而言，要用价值与客户交换公司的销售额、利润、客户忠诚、客户认可以及客户转介绍。

5. 外包原则：非核心业务交给专业团队操作

外包思维是指企业把非核心业务交由其他专业公司操作，使整体业务得以顺利完成的思维模式，是实现企业更好运转的一种手段。

外包思维是一种想法，一种创意，一种思路。合理利用外包思维可以使公司进入良性循环模式。所谓外包思维，就是当我们在执行的时候，做一个假设，如果我是另外一个公司，我如何做？

做法是“三化”：客户化——客户要什么？量化——先谈好交换规则，明确客户要的结果到底是什么？实物化——先干活，拿出结果，客户检查结果，符合要求后，客户付钱。

“结果导向”的外包思维之“三化”将人与人、部门与部门之间的关系定位于甲方、乙方。譬如上下级之间，老总要求部门经理做一个项目，那么这个经理可以假设自己与老总之间就是甲方和乙方的关系，因此所承诺的项目指标，也就是结果必须不折不扣地完成，等同于双方签署了契约。

分公司与总公司之间也是如此，总公司如同甲方（客户），一年下来，乙方（分公司）提供的产品便是为总部创造的业绩。许多错综复杂的关系，倘若套用这个“外包思维”，执行力如何就易于考核了。

人与人之间有个承诺，依外包思维理解，就必须遵守诺言、说到做到。我觉得为人处世也应该有这样的境界，即便对待亲人、朋友也不能因密而怠，答应为别人做某件事，就假设自己是做这件事的公司，要一丝不苟，要给出结果。

如果你是一位员工，你认为自己做出了比别人更好的结果，会不会向老板要求加薪？做出更好的结果，我们都认为自己有资格加薪，有理由晋升。

那么，当你做不出结果时，你有没有向老板主动提出减薪？没有。为什么不提出减薪？因为我们都认为只要我工作了就应该得到薪水，只要企业雇用了我，就要为我的劳动支付报酬。

我说过，完成任务不等于结果，即使你工作得再辛苦，每天加班到深夜，但公司得不到想要的结果，客户得不到想要的结果，你的工作有什么意义呢？

各位请记住，公司完全可以依照下面的原则做事：假如你做不出来，我可以外包给别人做！如果你做不好账，我可以请个会计来做。如果你设计不出来，我可以请人来设计。如果你招聘不到人，我可以请人来帮我们招聘。如果……

但是，如果别人做到了，这个钱你来付，你认为是否公平？记住：上班不是拿工资的理由，为企业提供结果才是得到报酬的原因！企业和客户之间是什么关系？是商业交换关系！企业和员工之间是什么关系？同样也是商业交换关系！商业交换的本质就是结果交换，不论是企业还是员工，交不出结果，就只有出局！

外包思维强调的是，只有结果才能够换取报酬。企业和客户之间是商业交换关系，我们不能够为客户提供商业结果，客户就不会付钱给我们；同样，员工和企业也是商业交换关系。你可以试想一下，你公司的销售部门的人员基本上都是低底薪的佣金设计。低底薪高提成这样的薪酬设计方式，就是要告诉他：你和公司交换的是业绩，只要你产生了业绩，公司就付钱给你，这就是最基本的商业规则。

你为公司提供了结果，公司付给你报酬，所以员工和企业之间也是商业交换，而商业交换的本质就是结果交换。企业用结果在商业社会当中获得利润，员工用结果体现自己在公司中的价值。

于行博士点拨：企业：从外包思维出发，来设计执行标准！员工：要把自己设想成一家外包的“专业公司”，思考要提供怎样的产品和服务才能让客户付费。上班不是拿工资的理由，为企业提供结果才是得到报酬的原因！

第三节　狼性思维——狼性基因是制胜法宝

拿破仑打猎的时候，碰到一个男孩掉入沼泽地，男孩拼命地挣扎，并大声呼救，拿破仑不仅没有救人，反而端起猎枪，对准男孩，大声喊道：“你若不自己爬上来，我就打死你！”那男孩看求救无用，便拼命抓住岸上的树干，爬了上来。

在面对困境的时候，懦弱逃避并不能解救我们，只有勇敢面对才能让我们走出困境，优胜劣汰，适者生存。有时候我们不逼一下自己，都不知道自己有多优秀。

1. 丛林法则：优胜劣汰，弱肉强食

美国作家艾密尔·贝克特写了一本畅销全球的书，其中讲述了这样一个故事：太阳升起的时候，非洲草原上的动物就开始奔跑了，狮子知道如果它赶不上最慢的羚羊，就会饿死。对羚羊来说，它们也知道如果自己跑不过最快的狮子，就会全部被吃掉。

出生时，每个人都是一样的，长大以后，随着环境的变化，有的会变成狮子，有的会变成羚羊。然而，在这个世界上，每个人所面对的竞争和求生的挑战都是一样的。一定要有跑赢别人的智慧和勇气，否则不是饿死，就是被吃掉。这是有关物竞天择、适者生存、优胜劣汰的自然法则。

“适者生存”就是狼性思维。适者生存的理论告诉我们所有人一个基本的进化道理：如果不是强者淘汰弱者，那就会弱者淘汰强者。

狼性思维实际上就是教育人们永远别做最后一个，跑得越前越安全，否则你就会被狼吃掉。淘汰与晋升机制，实质上也是狼性思维的具体表现，鼓励人们积极向上，居安思危。只有这样，企业才能充满活力。同理，企业如果没有狼性文化，也可能在竞争中被淘汰。

相信大家在看完了《狼图腾》后，对狼性精神都有一些初步的了解，狼性精神包括坚忍不拔的忍耐能力、敏锐的观察力、绝妙的时机把握能力、协同配合的团队精神、生命不息进攻不止的拼搏精神等。

狼的本领、狼的智慧以及从狼身上体现出来的狼性精神不是狼天生就具有的，而是在“优胜劣汰，适者生存”的大自然法则下用几千年的艰苦草原生活磨炼出来的，狼的这种本性，通过狼一代一代的相传，才使得狼得以在地球上生存下来。

狼具有强烈的求生精神。《狼图腾》里有这样的一个场景：一只狼在捕食的过程中被对手伤了自己的一条后腿，这个时候为了自己能够跑得更快，它非常果决地用自己的利牙咬断自己的伤腿，这就是狼强烈的求生精神。不管刮风下雪等多么恶劣的天气，都挡不住狼出去捕食的脚步。这也是狼强烈的求生精神的表现。

狼强烈的求生精神对我们所有职场人士的启迪是：我们要不断培养自己强烈的求得成功的精神，只有我们追求成功的欲望越强烈，我们才能忍受追求成功过程中的种种艰辛痛苦，才能把困难化作前进的动力。

如果我们只是追求一种平稳的生活，而没有强烈的追求更高业绩的欲望，我们就可能安于自己目前的这点业绩，甚至不思进取，如逆水行舟，不进则退。要不断强化自己的成功欲望，只有确立自己明确的目标，明确自己到底要追求什么、要达到什么样的目标，想象我们成功时的样子，用成功人士的例子刺激自己追求成功的欲望，我们才能有充沛的精力和顽强的斗志开始我们事业的第一步。

狼具有能够做充分准备、耐心等待最佳战机的坚韧精神。狼在捕食之前要做好充分的准备工作，熟悉周边的环境，经常要长时间的潜伏，等待最佳捕猎时机的到来。虽然捕食只是短短的一瞬间，但狼为了那一刻往往要等待一整夜甚至一整天。

我们职场人也必须先沉下心来好好熟悉自己的工作环境，熟悉自己的专业知识，了解本行业的行情，包括尽可能地了解客户和同行的信息，熟悉掌握可能影响我们成功的任何一个细节。只有知己知彼，方能百战百胜。如果对工作环境都不熟悉，那么即使你能力再强，也只能“龙游浅滩遭虾戏”了。

一辆宝马车可以开多少年？有人说 15 年、20 年，如果宝马轮胎坏了换个新的轮胎，方向盘坏了换个新的方向盘，发动机坏了立刻换个新的发动机……假设所有的零部件都可以持续更换，同时我们的交通法律也允许，那么这辆宝马还可以开多少年？

答案是无数年，也就是说我们也不知道一辆宝马可以开多少年。我们假设把一个企业比作一辆宝马，一辆宝马可以通过持续不断地更换零部件来开无数年，一个企业要想走得长久，是不是也要持续不断地更换零部件？

那么什么是企业的零部件？答案是人才，人才就是我们企业的零部件。所以一个企业要想基业常青，也要持续不断地更换零部件，要让好的零部件持续用下去，而要将不好的零部件替换下来。这也体现了狼性思维。

那么狼性思维具体该怎么操作呢？那就是要在企业内部建立一套合理的淘汰及晋升机制，也就是说：好的员工我们要提拔上去，差的员工我们要淘汰下来，只有这样我们公司的执行力才会更强。

有一个商人到农村去买鹿，在买鹿的过程中发现一个问题：这些鹿的肉不太精。于是商人对农民说：“我愿意花10倍的价格来买鹿，但是你必须保证所有鹿肉都要非常精。”

这个时候农民又高兴又困惑，高兴的是这是一个大买卖，可困惑的是，养了这么多年的鹿，都是这个样子，要如何才能让所有的鹿肉都非常精呢？于是他就向商人请教，商人说：“非常简单，你只需要在这1000只鹿里面放一只狼进去，经过一年之后，所有的鹿肉都是最精的。”

于是农民真的按照商人的说法去做了，那么，狼进入鹿群首先要做什么？是的，吃鹿。哪只鹿会先被吃掉？最弱的、跑得最慢的那一只。

狼吃鹿这个血淋淋的场景所有的鹿都看到了，所以第二天一早，狼的眼睛还没有睁开，所有的鹿通通都在练习跑步。因为都怕成为那只最弱的、跑得最慢的，被狼吃掉。

所以一年之后，剩下大概600多只鹿，商人来买鹿的时候发现，所有鹿肉都非常的精，因为后面有一只狼。

那么，在我们企业里面什么是狼？有人说是老板，老板不是我们企业里面的狼，是我们的淘汰及晋升机制，也就是我们说的狼性思维。因为“人进步是因为有危机感”，所以我们要在企业内部建立一套合理的淘汰及晋升机制，迫使员工进步！

有一家公司叫华为，创始人叫任正非，1988年拿2万元钱起家，2013年营业额1000多亿人民币。任正非说：“我们公司成功的秘密除了高奖金之外，每一个员工都具有狼性思维。人进步是因为有危机感，华为给员工危机感加高奖金，导致员工快速进步，每一年通过绩效考核都有10%的淘汰率，我们要淘汰那些不优秀的员工，提升那些优秀的员工，我们永远把最高的奖金、最好的培训、最好的福利给那些做出成果的员工，这正是我们华为公司快速成长的原因。”

员工可分为四种类型，第一种是有德有才，这种类型的员工，他的品德非常好，态度也非常好，而且能力也非常强，所以我们把这种类型的员工称为精品，对于精品类型员工，我们的用人策略就是重用、重用、再重用。

第二种是有德无才，这种类型的员工能力不怎么强，我们称之为半成品。对于半成品类型的员工，我们的用人策略就是开发、开发、再开发，开发、培养合格后再重用。

第三种是无德无才，这种比较好理解，就是说这种类型的员工，他的品德不怎么好，态度也不怎么好，同时他的能力也不怎么强，所以我们把这种类型的员工称为废品。对于废品类型的员工，我们的用人策略是坚决不用。

第四种是无德有才，这种类型的员工能力非常强，但是他不认同企业的价值观和企业文化，所以我们把这种类型的员工称为毒品。对于毒品类型的员工，我们采用双开原则，先对他进行企业文化的教育和培训，如果培训之后他认可了我们企业的价值观和文化，那么就可以重用，而如果培训之后还是不认同，那就只好开除。

例如我们有一箱苹果，其中有一个苹果坏掉了，如果我们不及时把那个坏掉的苹果拿出来的话，那整箱苹果就会坏掉。

对于企业中的毒品，松下电器的创始人松下幸之助先生曾说过这样的一句话：企业管理首重人事管理，而人事管理的第一法则就是除恶。也就是要把企业中的毒品去除掉。

世界第一名的 CEO 杰克·韦尔奇先生也说过这样的一句话：发现一个，拿下一个，绝不留情！所以这就是 GE 公司的狼性思维，也是杰克·韦尔奇先生的狼性思维。

美国为什么可以成为世界第一经济大国，有一个非常重要的原因：美国拥有世界一流的人才，拥有非常强大的开发人才及培育人才的体系。

据调查，世界前十强大学中，美国就占了八所，前百强大学中，美国占了五十一所。这说明美国非常重视对人才的开发及培育。

世界五百强企业为什么那么卓越？同样也是因为他们拥有世界一流的人才，拥有非常强大的开发人才及培育人才的体系。

根据《财富》杂志的统计，世界五百强的企业中有 70% 的企业拥有自己挂牌的企业大学，而其他 30% 的企业，也都拥有自己内部的培训体系。

同样，中国百强企业为什么这么优秀？也是因为他们拥有强大的开发人才和培育人才的体系。比如说：海尔有海尔大学，联想有联想大学，华为有华为大学，蒙牛有蒙牛商学院。而大部分中小型民营企业，至少也要拥有自己内部的培训体系或人才培养的外包体系。

海尔成为最优秀的公司之一，最重要的原因有两条：第一条是彻底地执行了公司的战略和思想，第二条是在公司内部建立了强大的后备人才训练基地，源源不断地培养人才，以满足公司的发展需要。因为任何优秀的管理者和员工都是可以被训练出来的！所以狼性思维告诉我们：除了要在企业内部建立一套合理的淘汰及晋升机制，还要建立一套人才的开发及培育机制。

子行博士点拨：危机并不遥远，而死亡将是永恒。组织要让强者脱颖而出，让弱者无地自容，所以要建立合理的淘汰和晋升机制。组织和同人的进步是因为有危机感，应高标准、严要求、强作风。大概、马大哈、差不多、粗放都是极其危险的。要教育员工：领导是有情的，管理是无情的，制度是绝情的。

没有最大的平台，只有最大的胸怀；可以成功，可以失败，但不可以放弃；领导有情，管理无情，制度绝情；接受淘汰，接受挑战，但不接受平庸；合理的要求是训练，不合理的要求是磨难。领导强调什么，团队的焦点、重心就在哪里。

2. 专注法则：心有敌人，目标如一

狼具有锁定目标永不放弃的追求精神，狼在围捕猎物时有一个重要的原则是准确选择目标，不放弃锁定的目标，狼一般选择那些弱小的、跑得慢的猎物，一旦选定后就决不放弃，直到捕到为止。

狼之所以坚持这样的原则，是因为它们知道改变目标可能的结果是什么也捕不到，只有不放弃选择的目标才能提高捕获猎物的可能性。

我们职场人都应有一个正确的事业目标，选择了一个行业就不要轻易放弃，一旦确定了目标，就要有“不在奋斗中成功、就在奋斗中死亡”的追求精神。

坚持一个正确的目标要有坚强的意志，坚强的意志会为我们提供源源不断的力量，帮助我们取得成功。如果一个人真正具备了坚强的意志和全面的个人素质，那么无论环境多么不利，自己的起点多么低微，你总能找到属于自己的机会。

成功显然不会属于每一个人，只有那些永不屈服，不怕失败，不言放弃，没有丢掉勇气、意志、自尊和自信的人，才会是一个不会失败的人。但人生是不会没有失败的，可不管失败多少回，不管时间的早与晚，要相信成功总会与你相聚的。

狼具有不怕流血牺牲、不屈不挠的嗜血精神，只要身处草原，就会置身于这个巨大的食物链中，生物都摆脱不了吃或被吃的命运，要想占据食物链上端的有利位置，就必须在残酷的现实中磨炼自己的神经，造就卓越的品质。

草原残酷的生存状态就是“不是你死，就是我亡”，生存的法则就是“弱肉强食”。几千年过去了，草原狼顽强地生活了下来，靠的就是那股血性。

当狼逃生时，它甚至可以咬断伤腿。刮骨疗毒是治伤，而狼是自伤，颇有壮士断腕的壮烈。当狼袭击马群时，它甚至可以选择最惨烈的自杀式打法。当搬迁时，小狼宁愿被勒死也不屈从，让人感慨：训老虎易，训小狼难。狼与生俱来的血性和傲气，帮助它们在恶劣的草原环境中生存下来。

草原上以前也有老虎等其他动物，之所以只有狼独存，原因就在于此吧！

子行博士点拨：商场如战场，危机四伏，如果没有应对困难的勇气，你就很难生存下去。有了勇气，还要有狼一样的血性，积极主动地去迎接挑战。只有在不断的面对困难、战胜困难的斗争中，人类才能进步。人，就要多一些狼性，多点竞争力。

3. 危机法则：危中寻机，闻鸡起舞

一头羊到了天堂对圣彼得说：“我的头上有一对角，是攻击敌人和保护自己的利器，但我为什么还是被手无寸铁的狼吃掉呢？”

圣彼得说："虽然你和狼都是哺乳动物，但你是以草、叶为生；狼则以肉类为生。在地上，只要是有水的地方，野草和乔木遍地都是，你想吃的时候只要张嘴即可，生存比狼容易得多；而狼的生存则是寄托在战胜对手、吃掉对手的方式上，否则会被饿死。你们羊太安于现状了，缺乏自我保护的意识和群体协作的能力，虽有羊群，却无群体合力。而从狼身上可以看到它们具有能够发现猎物的敏锐嗅觉，还有在向猎物发起攻击的时候，所呈现出的那种勇往直前的勇气和不屈不挠的精神，它们把凶狠和机智结合起来，提高了战胜猎物的能力，并且狼群有协同对敌的精神和能力。换句话说，你被你的羊性所局限，而狼则发挥了它自己的特长。这就是你为什么会被狼吃掉了的原因。"

一个优秀的执行者其实就应该如狼一样具有能够发现猎物的敏锐嗅觉、勇往直前的勇气和不屈不挠的精神。然后再带着他的下属向目标进攻，取得胜利的果实。为了生存，行动加坚决的执行才能获得想要果实！

狼具有时刻警惕、丝毫不放松的危机意识，广阔的草原危机四伏，狼群不能有丝毫的放松，始终处在一种高度紧张的精神状态中。

因为气候的变化狼群要学会给自己储藏食物，并利用气候去捕食；因为环境的恶劣，狼群要时刻警惕大雪窝、大泡子等危险地带；动物的逃生促使狼群去观察、去研究对手，从而采取最有效的捕食方式；人的威胁更大一些，狼得学会选时间、选地点的生育，学会避开人的锋芒，学会如何与人周旋甚至狠狠地反咬人一口。

恶劣的生存环境使狼不得不处处小心谨慎，形成了狼的这种危机意识。在今天激烈的市场竞争环境中，我们也应该时刻小心警惕，面对可能的风险不能丝毫放松，同行中太多的例子已给我们敲响了警钟，我们只有不断提高自己的危机意识，才能在激烈的市场竞争中立有一席之地。

我们要深刻领悟并发扬这种狼性精神，通过不断地学习、训练和分享，培养我们的这种狼性精神。

狼能不断提高自己捕猎技巧和总结经验教训，狼在实战中不断训练着自己的捕猎技巧，在失败中总结经验教训，我们职场人也要主动去观察学习，积极地思考，不断积累完善自己的专业知识，不断总结成功的经验和失败的教训，不断提升自己的解决问题的能力。

曾经的三星也靠廉价竞争、销售低端产品的方式在市场的夹缝中生存——为三洋代工生产电视机，自有品牌也多是从索尼或者松下公司购买的芯片。

如今的三星已是韩国最大的企业集团，拥有近20万名员工，资产总值超过130万亿韩元，其市值占韩国证券市场的30%。从利润低微的三流企业到全球电子业精英，三星经受住了市场巨变、全球化浪潮和技术革命等一系列急剧变化的考验，尤其是1997年爆发的亚洲金融危机，不但没有打垮三星，反倒成为其崛起的契机，是三星企业发展史上一次重大的转折。

转“危”为“机”需要对市场发展趋势的准确把握和果断的战略抉择。作为企业的领导者，三星前董事长李健熙在亚洲金融危机时大胆地喊出了“除了妻儿一切都要变”的口号，大幅“砍掉”非核心业务，加大研发，这种狼性思维一举扭转了三星靠低价竞争的局面。

亚洲金融危机对三星来说不但是一次发展机遇，也是一堂重要的企业文化教育课。三星总裁李健熙面对危机时的狼性、无畏和果断成为整个三星集团的精神写照，以至于外界评价“三星人都具有转‘危’为‘机’的DNA”。

亚洲金融危机前，三星运用低价竞争和规模化生产策略，在消费电子、电信和半导体等方面取得市场领先地位。金融危机爆发之时，产品成本持续上升，以模拟技术大规模生产的价格低廉的产品导致企业几乎无利可图。

此外，拥有过多的非核心资源以及生产管理不善导致库存积压严重，三星业务全面告急：负债最高时达到180亿美元，几乎是公司净资产的3倍，有时一个月的亏损额达2.13亿美元。金融危机将三星逼到了生死时刻，1997年年底三星电子几乎濒临破产。

面对模拟技术生产的绝境，时任三星掌门人的李健熙与新上任的总裁尹钟龙果断决定实施危机中的数字化转型。

1998年3月22日，李健熙发表悲壮的宣言：“为了克服危机，我甚至不惜抛弃生命、财产及名誉来挽救三星！”为了获得现金推进转型，李健熙将每年销售达5亿美元、净利润超过1.2亿美元的富川半导体工厂出售，而李健熙最初正是依靠富川工厂实现了三星在半导体行业的崛起，并且该工厂是李健熙用私人资金从通用家电集团购得的。

狼性果断一直是李健熙的领导风格。1987 年，李健熙接掌三星后，面对过度扩张带来的 300% 负债率，对三星下属产业进行了大刀阔斧的整顿和机构重组，将 10 个事业部的非核心资产以 15 亿美元出售给海外财团，并对组织结构进行了大力改造，一举将其旗下子公司减至 47 个，缩减组织规模近 30%，并大幅削减负债。

1995 年，因为三星的一款手机品质遭受到客户投诉，李健熙就带领 2000 名员工，把价值 5000 万美元的问题手机、传真机、无线听筒碾成碎片。他确信，公司发展的最大障碍是自以为是，否定自己才有可能实施管理创新。

李健熙的风格造就了三星的风格。1998 年 7 月，20 多名三星最高层领导者为最终的结构调整改革召开了长达十几个小时的会议。会议结束时，作为副会长的尹钟龙以身作则，带头写出辞呈，表示如果到当年年底为止没能进行改革，或改革不成功，全体都将辞职。

随后，公司紧急组成了行动团队，两周内确立了结构调整计划。尹钟龙给他的团队下达的命令是：在 5 个月之内三星电子管理层裁员 30%，非管理层裁员 35%。尹钟龙因此而获得了“从西方来的管理疯子”的称号。有了这种自上而下的决心，三星公司在 1997 年至 1998 年两年间，共整顿了包括小型家电及无线寻呼等在内的 34 项产业、52 个品种。

在当时那么困难的情况下，亚洲大多数企业都削减研发资金，李健熙却将三星未来的命运赌在了数字技术上，加大研发投入，积极在全球招聘优秀人才，600 人的博士队伍迅速壮大为 1000 多人。当时，无论英特尔、微软还是索尼，在研发上的投入都没有三星多。尹钟龙后来评价说，“你不能在预见了未来之后便坐等它实现，要创造未来。”

按照李健熙危机时期提出的“新经营”策略，三星不再依赖低价格竞争，而是对业务模式进行大规模调整。1998 年，三星把在北美的 DVD、电视等产品的零售点从沃尔玛转到百思买等消费电子产品专业店，开始改变以低价格作为卖点的形象，并选择数码电视、掌上电脑、超薄液晶显示器为重点开发和主攻产品，力图打造三星高端的品牌形象。1999 年三星电子推出手机 CDMA 技术，并在当年开始赢利。数字化战略使三星又获得了前所未有的机会。

这是一个奇迹：在经历了痛苦的改革之后，三星走出了濒临破产的危机，之前的三星负债达到 170 亿美元，而在经过部门重组和“痛苦”裁员后（当时三星集团在韩国政府的支持下，裁掉了 8.4 万名员工中的 30%），三星集团的负债率从 1997 年的 366% 下降到了 1999 年的 166%。

李健熙事后回忆说：“危机给了我们重组的自由，也给了我们死而后生的动力。不进行戏剧化的变革，三星只能消亡。”

一场深刻的亚洲金融危机，引发了三星的数字革命。看到数字时代到来趋势的大有人在，比如出井伸之甚至在 1995 年就提出了“数字化梦想”。但是，索尼却没有像三星那样一心一意地执行这个计划，因为它下不去手！没有自己革自己命的狼性精神，就不可能在危机中寻找到转机。

自从李健熙 1987 年继任三星总裁到 1999 年的 12 年间，公司的销售总额、资产规模和出口分别增长了 7.3、5.6 和 2.8 倍。事实上，与众多 CEO 的磨炼历程一样，李健熙的成长过程也不是一帆风顺，他在企业管理和改革上同样犯过很多过失。他说：“每次作结构调整的时候，就像从自己的身上把肉挖掉，非常痛苦。尽管如此，为了应对时时刻刻都在变化的外部环境，提高竞争力，不得不继续调整组织。”最典型的，莫过于割舍三星汽车的例子。

在 20 世纪 90 年代末期，三星集团就受困于“大企业大制造”的错误思想，明明国内汽车产业产能过剩，但李健熙仍然在汽车业务上投资了数亿美元，三星汽车公司很快就债台高筑，2000 年被迫贱卖给雷诺汽车公司。

为此，李健熙勇敢地承担起了责任。他一次性捐献出 20 亿韩元的个人财产，几乎承担了全部投资汽车领域失败的责任。三星集团发布这个公告后，投资者都惊呆了，原以为会等来裁员消息的员工们眼中含着泪花，《财富》杂志撰文称赞李健熙是“为错误的投资决策承担责任的 CEO”。

于行博士点拔：草原狼是在几千年的与天、与人、与草原的斗争中成长起来的，我们职场人也必须在实战中磨炼自己。光有一腔热情和美好的想法是不够的，得放到自己的实际工作中去。纸上谈兵是行不通的，实践是检验真理的唯一标准。就算失败了也不要气馁，失败是成功之母。

4. 团队法则：甘为人梯，团队至上

狼具有共同作战、共同配合、甘为人梯的团队精神，狼群由狼王统一指挥，进则同进，退则同退，协同作战，无往不利。

比如围捕黄羊的时候，有狼去寻找大雪坑，有狼去骚扰，有狼去伏击，在总攻的时候也是井井有条，狂而不乱。更让人称绝的是，狼群即使在撤退的时候也井然有序，猛狼冲锋，狼王靠前，巨狼断后，完全没有混乱。

在“飞狼”入羊圈吃羊的故事中，狼表现出的另一种协同配合、“甘为狼梯”的精神更是让人难以置信。

在狼的思维中，不仅要耐得住饥饿，还要听从头狼的命令。在这样的生存环境之下，狼群只有听从头狼的命令，不断地成功猎杀，才有生存的希望。

这就是执行，无条件的执行！对于企业同样如此。任何一个企业都应将如何提升执行力当成重中之重，可是怎样去提升企业的执行力呢？这就需要企业员工都能尽职尽责地去承担起自己的任务，让身处在企业中的每一个人都成为真正的执行者。

狼，体型没有狮虎威猛，速度没有猎豹快，但是它们依然能在食物链中占据重要的一环。这不仅仅因为狼是一种群居性的动物，出入成群，狼多力量大，而且还因为狼是自然界中最懂得执行的动物之一。

甚至很多时候，人类社会的某些群体和组织还要向狼群学习，比如说我们的企业、团队。在狼群的捕猎行动中，隐藏着企业做强做大的密码。只要我们能发掘这一点，企业做强做大就不再是难题了。

说到底，一个狼群的执行力决定着这个狼群的生存力。对于企业同样是如此。“没有执行力就没有生存力”，这是现如今在管理界广为流传的一句话，并且很多企业都将如何提升企业的执行力当成了重中之重。

可是怎样去提高企业的执行力呢？这就需要企业团队成员都能尽职尽责地承

担起自己的职责，让身处企业中的每个成员都能成为真正的执行者。

白疤狼群之所以发展得如此快，除了有白疤狼的领导外，还在于这个狼群拥有其他狼群所没有的优秀狼队。白疤狼群中的9条成年狼都是优秀成员，任何一条都可以参加捕杀团队，实施完美的捕杀任务。也正因为如此，这个狼群的捕杀执行力总是很高。

这说明：一个狼群要想提高执行力，关键要打造一个高效执行的“狼队”。反映在企业经营上，要想提高企业的整体执行力，就必须打造企业的高效执行“团队”。

知识经济时代，很多企业的规模越来越大，但执行效率却越来越低。为了提高执行力，组织变革是必要的，而变革重在赋予每个人机会，让他们充分发挥出自身潜力。越来越多的企业认识到，答案就在“团队”上。

白疤狼群在捕猎时之所以能执行到位，除了白疤狼的威严之外，还有一个很重要的因素：白疤狼群有自己的执行体系——在捕猎之前狼群会进行沟通和交流，捕猎后头狼会根据每条狼的捕猎贡献进行合理的食物分配；如果狼群中的某条狼在捕猎时没有执行到位，那么它将会受到惩罚。只有这样，整个狼群在执行任务时才会奋勇向前。

其实一个企业也是如此，要想让全体员工都有执行的动力，就须具备自己的执行体系。在人类社会里，这种执行体系就是一种执行文化。

一个企业有没有执行文化，执行文化的好坏，将直接决定员工执行结果的好坏，同样也决定着企业的发展态势。纵观世界上一些著名的企业，哪一个没有明确、有效的执行文化呢?

作为我们职场人能否在做好自己的业绩同时，与其他同事交流成功经验和心得？能否对新人以积极的指导？能否做到为了团队的利益而放弃一些个人利益达到共赢？这需要我们要有狼的那种配合协作、“甘为狼梯”的团队精神，但我想当整个团队获得胜利时，大家都不会忘记那些为团队付出的人。

现在越来越多的企业明白“团队精神”和“执行力”的重要性，那么在一个企业如何看待狼的执行力，如何把狼的执行力融入到企业文化建设中去，怎样才能做好企业文化呢?

（1）欲望是成为企业文化执行力的原动力

相对于豹而言狼是弱小的，可它却敢于狩猎比自己强大的豹，并成功地将豹猎杀作为自己的美味佳肴，这是因为狼要生存，要吃饭。于是就有了力量和动力，有了欲望便会想办法去狩猎。唯有这样才能找到自己的生存之道。那么一个企业要发展同样要有一定的欲望，才能有发展的目标，这样才能促进企业的良好发展。

（2）不断学习能够促进企业文化的积累

一只幼崽从出生后，就不断学习老狼的捕猎本领，练习奔跑，学习擒获动物的本领，通过不断学习，增强自己的捕猎本领。那么在一个企业里，员工不也是要经常学习吗？否则就会被知识淘汰。

（3）培养员工顽强拼搏的精神意志

对于狼，他们为了猎物可以不惜牺牲自己生命。狼为了生存，可以和豹去较量，豹比狼强大许多，可是狼只要抓其一点——咬住豹的脖子，就会将其捕为囊中之物，有时会有生命危险，一只狼一旦咬住豹的脖子，豹也会不惜一切想尽办法攻击狼，这时狼会紧紧咬住不放，直到豹没有力气为止。

在一个企业中，我们就要培养员工的这种顽强拼搏的精神意志和锲而不舍的精神，只有这样员工才能不管遇到多大的困难都会去克服，去战胜困难，找出办法寻求企业的发展。

（4）培养企业的团队精神

一群狼每次觅食，都会协同作战，尤其是要捕获强大的猎物，就得靠团队精神，否则就会空手而归。狼有着极强的团队精神，只要有了捕猎对象，他们便群起而攻之。

只要一只狼抓住猎物的一端，那么其他狼很快就会去配合，从各个部位抓住猎物不放，直到把猎物捕获，然后才去分享食物。企业要的就是团队精神，团队的整体共事能力对一个企业的发展无不起着好的影响。

（5）要发挥分工合作、角色鲜明的精神

狼在捕猎过程中，他们有着很合理的分工，每一只狼都有自己的角色，各负其责。狼在捕猎时，头狼负责观察猎物和闻气味，也就是负责信息工作，这样一旦发现捕猎对象，就会有一只狼先去试一试这只猎物的能力和其反应变化，然后就将其引开等待时机前去抓其一点，其他狼很快上前配合，将其捕获。

在企业里，我们的员工也是有分工的，但无论分工还是相互配合，其角色需鲜明，各自执行各自的任务，这样才能使一项工作很好地完成。

（6）发挥好人多力量大的作用

狼群最大的优势不是它们有着虎那么高大无比的身材和超强体力，而是可以发挥人多力量大的作用。它们之间的配合很默契，充分发挥人多力量大的作用，它们每次捕猎都会集体出动，分工明确各负其责。

于行博士点拨：狼的智慧，表现为野性、敢于掠夺、敢于争取、敢于占有、一定要赢的特质。狼的执行文化，表现为忍辱负重、整体至上、适应环境、血浓于水、法不容情、知彼知己、坚决淘汰、团队精神。

第四节　标准思维——执行要严格按流程操作

1. 天天向上：标准决定水准

成功的企业没有惊天动地的故事，其只是把每一个普通人通过标准和流程按原则做事而已。标准决定水准，我们通常为20%的成果不佳而输掉80%的努力，所以你有20%的错误，就会有80%的努力被否定。

标准化的四个原则：明确化，复杂的事简单化，废除复杂、追求简单；流程化，量化的因素流程化，流程化的因素框式化；可操作化，按部就班，实际可行；模板化，把证明有效的经验提炼成经验复制执行。

我们想要有个好的成果，就一定要有一个好的目标，而好的目标一旦确定，就一定要有一个高的标准来执行，高标准严要求的管理理念可以奠定一个企业成功的基础。

例如，我们一个非常值得骄傲的民族品牌，也是一个世界品牌——海尔集团。海尔集团为什么可以成为世界一流的企业？那是因为海尔集团采用了高标准严要求的管理理念。所以我们说，今天一流的企业拥有一流的标准，二流的企业拥有二流的标准，三流的企业拥有三流的标准。

什么叫“高标准”？简单地说就是：要么不做，要做就做第一名！因为在任何一类产品中，领先的品牌几乎总是那些最先进入顾客心智中的品牌。如第一个做可乐的可口可乐，世界上第一个办公系统 Windows，世界上第一个剃须刀品牌是吉列，世界上第一包口香糖叫绿箭，第一家不用调料的羊肉火锅是小肥羊……

一个企业想做好做大，一定要在某个方面有特色和领先的东西。如在第二次世界大战中期，美国军方兵工厂的一个案例：

这家兵工厂做的是战备用的降落伞，当时美国军方调动兵工厂进行工艺和技术改良，使产品合格率从 84% 提高到 99%，我们想象在美国军方打仗的时候，这种降落伞一旦生产出来，那么有 100 名士兵用这个降落伞降落，还没有打仗，就有 1 名士兵死掉了。那么 1000 名士兵有多少个士兵完蛋了？10 名。10000 名士兵呢？就有 100 名。

第二次世界大战中期美国投入的士兵远不止这些，而如果要使用这家兵工厂生产的降落伞，对美国军方来说将会是一个非常巨大的损失。所以美国军方是绝对不允许这样的事情发生的。

那怎么办呢？美国军方就找兵工厂的领导谈判，结果兵工厂的领导就说了：99% 的合格率已经非常高了，已经是极限了，不可能高了，我们不可能提高到 100%。

可美国军方的态度也非常坚决，于是就想了一个办法：将这个兵工厂的所有领导和技术检验人员全部请上飞机，升到万米高空，然后让他们使用自己生产的降落伞降落，请问各位，他们敢不敢跳？

这个方法彻底惊醒了兵工厂领导的产品品质意识，所以他们回去之后继续进行工艺和技术改良，最终使产品合格率达到了 100%。这是一个真实的案例，同时也在告诉我们一个道理：只有高标准严要求产生的绩效才是最有价值的绩效。

有一部影片叫《首席执行官》，其讲的是海尔如何从一个濒临破产的小企业做到一个世界品牌的故事。最令我震撼的是：张瑞敏先生当时为了造冰箱，贷款200多万美元，负债100多万元，从德国引进半自动化生产线，从德国请的技术人员在造冰箱的过程中发现有76台冰箱不合格，而这些冰箱不合格的原因是什么呢？要么是螺丝没有拧紧，要么是门打不开。

20世纪80年代，在国内冰箱还是一个家庭财富的象征，你就是有钱都未必能买得到一台冰箱，所以这些问题根本就不算什么问题。可张瑞敏先生觉得这个问题非常严重，于是召集所有的员工到广场上，当着全体员工的面砸了这76台冰箱。当时张瑞敏先生砸冰箱对内是一种警告，对外是一种很大的宣传，他关键是砸出了很多管理者和员工对于品质的概念认识，将"什么差不多就可以了"、"这么一点小小的问题"等错误认识通通砸掉，制定最高标准。

企业与企业之间的差别在于发挥人的主观能动性和潜力大小的差别，中国企业与外资企业的差距来自于对标准的贯彻和对人员标准意识的培养，外资企业员工的能力70%靠上级的指导和训练、30%靠人力资源部门系统培训；中国企业员工的能力23%靠上级指导、10%来自人力资源部门的系统培训、67%靠自我的摸索。可见中国企业应该强化对员工标准做事能力的培养和指导。

标准思维让同人发生以下转变：想做—会做—知道做到什么标准—知道做得好的好处和做不好的坏处。

子行博士点拨：企业的发展速度要加快、规模要扩大、管理要提升，除了要有好的决策领导、好的发展战略、好的管理体系外，更重要的是执行力。执行力提升的核心是按流程办事——人员流程、战略流程、运营流程，用正确的人（人员）朝正确的方向（战略）做正确的事情（运营）。

可见对于任何事件、任何文化、任何理念，"人"在里面都是主体，都是核心，人决定一切。

2. 梯队辈出：师傅爱教徒弟

扩张是每个企业的固有本性，不想扩张的经营者是难以置信的，因为对手的存在会使你面临竞争，不进则退；其次是内部员工的期待，只有企业不断发展壮大，员工才能看到并实现他自身的愿景，因此一个不思进取的企业会令它的员工感到失望，从而带来一系列问题。

但扩张行为其实也面临很多风险，如央视历次“标王”的结局，不管“秦池”还是“爱多”、“熊猫”，均没有逃脱衰亡这个宿命。济南三株公司，这个鼎盛时期年营业额达到80亿元的公司盛极而衰只花了半年时间，新疆德隆高达400多亿的资金黑洞更是在极短时间内便轻易摧毁了唐万新们金融帝国的狂想。

柳传志先生的一句名言是如此深刻：小公司做事，大公司做人。可见，企业扩张的根本前提既不是资金，也不是市场，而是人！

“离场测试管理”实际上是解决人的问题。在三星公司，一个主管的升职前提是看他不在场（离场）时，属下是否做得跟他在场时一样好。反观当下众多企业，老板（忙得）在跑步、高层（舒服得）在散步、中层（悠闲得）在踱步、而员工则在原地踏步的现象比比皆是。所以对三星公司而言，一个优秀的管理者必然是：手下人很忙，而他很悠闲，反之则是：他很忙，手下人很悠闲。所以只有把下属调教得很出色的时候，主管才有可能获得升迁，这个做法给了我们很好的启示。

不过这样一来势必出现一个新的问题，那就是会不会教会了徒弟饿死了师傅？

现实中存在这样心理的人比比皆是。通常来说，“师傅”通常是不愿意教会“徒弟”的，如果所有的上司都在遏制下属的成长，那么这个企业已经离失败不远。一个国内较著名的橱柜公司老总在经营十多年后发现企业发展后劲不足，管理水准下降，一口气引入了11位MBA作为每个管理层的副手，意在加以培养并取而代之。

令人惊讶的是一年后这11位MBA全部消失，全是被那些老资格管理人员以各种名目排挤走的。一项调查显示，中国民营企业的平均寿命是2.9年，这个现实对我们无疑也是一个警示。

三星公司成功之道中的一个方面：除非“师傅”教会了徒弟，否则“师傅”没有升迁的机会。所以需要解决两个问题：如何教会徒弟？为何要教会徒弟？

中国自古有言："教会徒弟，饿死师傅"，于是师傅在传授的过程中总是留了一手，造成好的东西没有发扬光大甚至从此失传。如果企业中的管理者也有这种思想，那么将会对企业人才的培养和发展带来很大的制约。

针对这个现象，很多企业对"师傅"采取了很多激励措施，让"师傅"甘愿把绝活毫无保留地传授给"徒弟"。在三星电子，主管升职的必要条件就是：你不在场时，你的下属跟你在场时做的一样好。那么，如何才能做到这一点呢？

第一步，告诉他应该做什么。

在人力资源管理稍稍规范一点的公司，都有比较完备的职位说明书，里面会提到这个岗位的基本情况、工作内容、权责、条件等因素，但很多职位说明书对工作内容的描述模糊不清，员工在拿到职位说明书后根本不知道做什么。

所以，职位描述必须做到以几点：在没有人教导的情况下，任何一位新人拿着职位说明书都知道做什么；在职位说明书里面将形容词数字化；职位说明书不是三五条，而是三五十条，要非常具体和详细。

在编写职位说明书的过程中，可以采取头脑风暴法，让大家畅所欲言，将提到的职位描述全部记下来，然后进行整理，这样才可以做到全面、详细。

第二步，告诉他做好的标准是什么。

在职位说明书中，应针对职位描述设定绩效指标和考核标准，明确指出做好这部分工作的重点是什么，标准是什么。不仅让他知道做什么，而且知道会得到什么样的结果。在设计评估标准时，注意把形容词数字化，形成容易理解和衡量的指标。

第三步，训练他怎样才能做好。

相对于足球教练，企业的管理者就是训练者，他承担着培养和开发下属最直接的责任。在下属了解了该做什么以及应该要做到的结果后，主管就应该针对如何达到这个标准对下属进行有系统、有计划的训练。

第四步，放手让他去做经过前面三个步骤的准备工作。

下属已经知道了该做什么、做好的标准是什么以及达到标准的知识技能，接下来主管就要放手让他去做，让他在实践中获得提升，真正达到自己顺利离场的目的。

往往下属在刚开始独立工作的时候会出现很多错误，这时主管就应当进行适当的控制和纠正。如果是态度的错误，就采用惩罚和教育的方式；如果是能力类错误，就采用主管自己承担责任和训练的方式；如果是创新类的错误，就采用鼓励和控制的方式。

控制总是围绕着教练技术而被提及，其实两者并不矛盾，信任和控制是两个管理动作，控制是为了防范大的错误发生，所以，在主管放手让下属去做的时候，必须懂得教练与掌控之间的关系和运用。

第五步，反复教练，直到你可以离场让下属放手去做。

在做的过程中不断纠正和训练，使他真正能胜任岗位。这就类似于在岗培训，通过在实际岗位上反复地训练，使他掌握知识和技能。而衡量这一步的标准就是即使你不在现场进行指导和监控，他仍然能达到你的要求，这时你就可以离场了。

第六步，离场之后，你可以去做更应该做的事情。

经过不断教练和测试，你可以离场了，这时你要去做更应该做的事情，如接受上司新的任务、提升自己的边际能力（现工作之外的能力）、思考和改善、学习等，这时候你会觉得工作是非常轻松和快乐的，因为你已经培养了能独当一面的下属。

第七步，让他也学会“离场测试”。

你对下属的训练并没有完成，这是最后一步，也是最重要的一步：训练他学会“离场测试”。完成了这一步，才会形成新的管理循环。只有下属学会了“离场测试”，你才有更进一步的发展空间。

成功的管理者并不是越忙越好，如果组织缺少他就不行，就证明他在管理过程中存在着很大问题。“高明的领导者领导员工的思维，不高明的领导者看管员工的行为”，如果你想了解你的管理和领导水平，那就来个“离场测试”吧。

于行博士点拨：今天的企业陷入人才荒，破解之道只有一个——建立企业大学，建立系统实战的培训体系，培养企业自己的内训师，用以培育各层级的人才梯队，让人才源源不断地涌现出来。

3. 傻瓜版本：流程细化量化

美国国防部利用在武器设备的维修工作上的“七何分析法”（5W2H）来进行问题的分析与思考。透过这套方法，可以避免在思考问题时，有遗漏与重复的情形发生。这种分析法可以分为三个阶段。

第一阶段：确定问题。

What（何事）：发生了什么问题，如营收目标达标率进度落后、良率无法提升、人员流动率高于平均水平等。

Who（何人）：确认问题的权责单位或者是同人，很多机构会把确认负责的单位视为是为了决定惩处的对象而互相推卸责任。但从问题分析的角度来看，确定问题的权责单位是要找出谁最接近问题的核心，透过他们来了解问题的原因，进一步协助提出改善方案，而非为了问题的发生进行惩处。

When（何时）：从时间发生的频率来判断，这是偶发事件还是定期性会发生的问题。透过时间因素来探讨问题可能发生的原因。

Where（何地）：确定发生问题的地点，探讨是否是位置方面的因素造成问题的发生。

第二阶段：影响评估。

How（影响程度）：组织所遭遇到的问题五花八门，再加上资源有限，往往很难在短时间内把所有的问题一次解决，所以当问题发生，确认问题的型态之后，组织要开始评估问题解决的急迫性，以决定问题解决的先后顺序，以及资源投入的多寡。

How much（损失金额）：以财务的角度来评估问题的影响程度，透过损失金额的多寡，来决定是否立即采取行动来进行问题解决。

第三阶段：原因分析。

Why（为何）：确认问题发生的原因为何，这部分最重要，但有时也是最困难的步骤。有些问题可以直接于确认问题的过程中，透过 Who、Where、When 直接找出答案，但有些问题的原因则像冰山浮在海面上的一角，只是表面的现象，如何看透冰山的全貌，找出问题的组成因子，才是解决问题的关键。

科学的程序是执行有力的保证，任何一项任务都可以按流程进行操作。流程化，即明确事先做什么，事中做什么，事后做什么；并且明确要达到标准化所具备的操作步骤和方法。

流程化的作用：使执行者明确工作程序，有利于提高工作效率；有利于工作衔接配合，有效地按操作规程办事；有了明确的流程，便于管理者的工作检查，便于发现工作上的问题；有利于对流程的各个环节、工序进行研究改进，工作研讨、工作方法优化，也便于培训和考核；有利于工作规范化，减少随意性。流程化管理是企业管理法制化的重要手段，缺乏流程化，必将使越级指挥、多头指挥、越级汇报、多头汇报难以避免。

流程控制的好坏是衡量企业管理水平的一个最佳标准，流程控制好的企业，其管理水平也比较高。落地执行的流程包括：目标本身一定要清晰；可量化、可考核、可检查；要有明确的时间表；按轻重缓急排列工作的优先顺序；指令简单明了；要求下级检视执行条件，在执行过程中，要不断关注、跟进、紧盯；设立反馈机制，一旦出现偏差与脱钩，应追究责任。

标准化管理在执行过程中要量化和细化，没有量化的标准无法执行，落地执行讲究数词而不是形容词，例如古代打胜仗班师回朝，奏章上一般会写：本次战争杀敌无数，缴获战利品一批。又如中餐菜谱上通常会这样写：紫苏煎黄瓜，把黄瓜切到厚度适中，放到清水里泡一会儿，放到锅里炒一会儿，加油少许，用旺火煎一会儿，加酱油少许，再用微火煎一会儿。

这就是中餐馆与西餐馆的差别？中餐馆用的都是形容词，而西餐如麦当劳，全世界 7000 多家店，无论去世界各地到哪一家吃都一个味。这是因为他们具有统一的做汉堡的标准——做汉堡要加热 1 分 28 秒，超过 2 秒就报废，这样能保证口味一致。他们做到了复杂的问题流程化，流程的问题简单化，简单的问题数量化，数量的问题人头化。

麦当劳拥有一支庞大的年轻人才后备军，由 3500 名大学生组成。在麦当劳里取得成功的人，有一个共同点：从零开始，脚踏实地。

一个高学历的人进公司要当 4 ~ 6 个月的实习助理，学会清洁和最佳服务的方法，以及炸土豆条、收款、烤牛排等基础工作；第二个工作岗位是二级助理，承担如订货、计划、排班、统计等管理工作；在进入麦当劳 8 ~ 14 个月后，有机会成为经理的左膀右臂，即一级助理；在被送芝加哥汉堡大学进修 15 天后成为餐厅经理；再经过努力，有可能升为监督管理员，负责三四家餐馆工作；三年后，将升为地区顾问，成为总公司派驻其下属企业的代表，他是标准的捍卫者。

微软新员工进入公司第一年为学习期，头三个月重点学习公司的价值观、行为准则、公司文化、公司愿景任务和公司政策。做如何使用设备、履行报销、公司福利的基本培训；在之后的 6 个月里，进行绩效管理、员工计划等深度培训。公司会为员工提供一个本部门外的资深员工，目的在于培养他们本职工作之外的能力和发现自己其他潜能的可能性。

IBM 公司绝不让一名未经培训或者未经全面培训的人到销售第一线去。销售人员说什么、做什么、怎么说、怎么做，都对公司的形象和信用影响极大。如果准备不足，就会使一个很有潜质的销售人员夭折。由于公司资金充足、计划严密、结构合理，培训一结束，学员就可以有足够的技能，满怀信心地同用户打交道。

IBM 公司的销售人员和系统工程师要接受为期 12 个月的初步培训，主要采取现场实习和课堂讲授相结合的教学方法。学员 75% 的时间在各地分公司中度过，25% 的时间在公司的教育中心学习。分公司检查学员的素养、价值观、信念原则以及整个生产过程中的基本知识等方面的内容，学员也会利用一定时间与市场营销人员一起访问用户，从实际工作中得到体会。

销售培训的第一期课程包括 IBM 经营方针、销售政策、市场营销实践方案、产品介绍。第二期课程主要是学习如何销售。通过模拟销售角色，教员扮演用户向学员提供各种问题，使学员们在逐渐成为一个合格的销售代表或系统工程师的过程中，始终坚持理论联系实际的学习方法。培训结束后，要进行培训评估，包括学员的感受，是否达到所设定的目标，效果如何，等等。

子行博士点拨：总结这些优秀企业的共同点可以得出：把经常出现的问题变成制度，把证明高效的经验变成流程，按部就班地练习，把练习当比赛，在比赛中提高水准，用标准复制人才，可适当缓解解决人才短缺问题，同时通过设计《员工手册》，建立一套标准的体系，如标准动作、标准语言、标准方法等，达到做客户所需、说得明白、按标准做事、可复制的目的。

第五节　感恩思维——感恩之心带来正能量

1. 感恩父母：赐予我生命

我觉得在这个世界上，一个人如果不懂得感恩，那么他一定会很孤独，同时也不会有人愿意去帮他，而一个企业如果不懂得感恩，未来也不会有太多的企业愿意与其合作。所以感恩是非常重要的。首先要感恩的就是我们的父母，为什么呢？

有一个天生失语的小女孩，爸爸在她很小的时候就去世了，只剩下她和妈妈相依为命。妈妈每天很早就出去工作，到很晚才回来。每到日落时分，小女孩就站在家门口，充满期待地望着门前的那条路，等妈妈回家。

妈妈回来的时候是小女孩一天中最快乐的时刻，因为妈妈每天都要给她带一块年糕回家。在她们贫穷的家里，一块小小的年糕都是无上的美味。

有一天，下着很大的雨，已经过了晚饭时间，妈妈却还没有回来。小女孩站在家门口望啊望啊，总也等不到妈妈的身影。天，越来越黑，雨，越下越大，小女孩决定顺着妈妈每天回来的路自己去找妈妈。

她走了很远，终于在路边看见了倒在地上的妈妈。她使劲摇着妈妈的身体，妈妈却没有回答她。她以为妈妈太累，睡着了。就把妈妈的头枕在自己的腿上，想让妈妈睡得舒服一点。但这时她发现，妈妈的眼睛没有闭上！

小女孩突然明白：妈妈可能已经死了！她感到恐惧，拉过妈妈的手使劲摇晃，却发现妈妈的手里还紧紧地握着一块年糕……她拼命地哭着，却发不出一点声音……

雨一直在下，小女孩也不知哭了多久。她知道妈妈再也不会醒来，现在就只剩下她自己。妈妈的眼睛为什么不闭上呢？是因为不放心自己吗？她突然明白了自己该怎样做。于是她擦干眼泪，决定用自己的语言来告诉妈妈，她一定会好好地活着，让妈妈放心地走……

小女孩就在雨中一遍一遍用手语做着《感恩的心》这首歌，泪水和雨水混在一起，从她小小的却写满坚强的脸上滑过……她就这样站在雨中不停地做着，直到妈妈的眼睛终于闭上……

每当我讲到这个故事的时候，就感到浑身充满了力量，因为我深深地感受到，母爱是这个世界上最伟大的力量。

我们不必细数，父母到底给予了我们什么，有成千上万的文章把父母对我们的付出列举得一清二楚。这个世界不缺少抒情，但缺少的是真切的行动。当我们一遍又一遍地感叹着“亲爱的爸爸妈妈，你们是我一生中最重要的人”时，我们又做了些什么呢？

言语，在巨大的恩情面前，虽然能够给父母带来片刻的安慰，但是却又显得那么的苍白无力！当平凡的父母把我们辛辛苦苦养大成人时，除了言语，我们要如何报答他们的养育之恩呢？

你也许会说：父母是这个世界上最爱我们的人，他们根本就不要求我们报答些什么，只要我们能够平平安安地生活就好。可你就真的能够心安理得不管不顾地去过自己的好日子，视而不见为你付出大半生心血的父母吗？

“树欲静而风不止，子欲孝而亲不待”，每当我想起这句话，我都会加倍努力并及时地感恩父母，父母把我们带到这个世界上来非常不容易，把我们养大也非常不容易，我不想等到父母吃也吃不下、走也走不动时才去尽孝，到那时再送给他们金山银山又能怎样！再说那也未必就是他们想要的。

所以我不想让这样的悲剧发生在自己的身上，我不想等到父母已经离我远去时，才想到要报答他们的养育之恩。

你是否已经看到，他们的两鬓已经斑白，曾经背你的笔直的背已经变得弯曲，皱纹也已经爬满了整个脸庞。你已经有多久没有见过这张熟悉的面孔？你已经有多久没有听到他们熟悉的声音？你已经有多久没有向他们报一声平安？

是的，我们在外面干事业非常不容易，在外面打拼也非常的辛苦，可是，再忙再累我们也不能忘记感恩父母，再忙再累我们也不能忘记生我们养我们的父母啊！

记得有一次在和几个同事谈到感恩父母的话题，我问他们："你们是怎么感恩父母的？"有人说："我要加倍地努力工作，赚更多的钱，让父母住上大房子。"还有人说："我要给他们买很多好东西，带他们去环球旅游。"

从这些话语中，能深刻地感受到子女对父母的一片孝心，我也一直有这样的想法，但后来我发现，当这些大的想法、大的孝心无法及时实现时，是不是我们就要放弃，就要等待？

子行博士点拨：后来我终于明白了：感恩父母，不必等到功成名就时，只要把口头的东西落到实处，就是真正的孝心。其实多和我们的父母聊聊天，常回家看看，或者多往家里打打电话，再加上我们工作上的出色表现，就是对父母最好的安慰！不要说再去为谁而努力工作，就为了我们可爱的父母。

2. 感恩老板：给予我成长的平台和教练

为什么要感恩老板和领导呢？

人非草木，孰能无情，让我们认真地想一想，在我们以往的人生经历当中是谁，让我们从一张白纸到拥有丰富的经验？是谁，让我们拥有一个可以实现自己梦想的舞台？是谁，让我们自己和家人可以过得更好？又是谁，在公司的危急关头永远走在最前面？

那个人，就是我们的老板。正是我们的老板，教会了我们如何去工作，教会了我们如何为人处世，让我们变得更加成熟。可我们又是怎样对待他的呢？

有多少人是这样：一旦加班，就怨声载道，加工资是理所当然，扣工资则满腔怒火；认为老板受罪是活该。

换一种态度来看待我们的老板吧。感谢他给予你机会，让你的才能得到发挥；感谢他给予你苦难，让你得到成长；感谢他给予你工作和做人的道理。当我们用一颗感恩、宽容的心来对待老板时，我相信，我们的老板同样也会这样对待我们。这样，我们的公司才会更有发展，个人和公司的前途才会更加美好。

讲师这个职业不是一般人能坚持下来的，真的是太累了，太辛苦了，赚钱的行业有很多，如果只是为了赚点钱，最好不要做讲师，而如果没有强大的责任感和使命感，你是根本坚持不下来的，更不可能成为一个伟大的讲师。

是的，我现在已经拥有了很多，可是每次当我看到，我们还有那么多的管理干部没有过上自己所想要的生活，还有那么多的员工还在为温饱而打拼，我有什么理由不去努力？

每次当我看到，有那么多的企业还在苦苦挣扎，还在那里自我摸索，闭门造车，我真的恨不得将我所有的管理经验和方法全都复制给它们，让它们快速地提升利润，所以我有什么理由不去努力？

每次当我看到我们中国的企业在国际市场上竞争力低下，节节败退时，我还有什么理由不去努力？

于行博士点拨：我现在考虑的更多的，是如何为我们的员工，为我们的客户，为我们的社会，为我们的国家多做一些贡献，这样，我的人生也就圆满了。

3. 感恩伙伴：伙伴的牺牲和吃亏成全了我

感恩的是我们的伙伴，如果今天我们是红花的话，那我们的下属就是绿叶，敢问每一个伙伴，如果没有绿叶的衬托，我们能像红花一样的美丽吗？绝对不会的。

所以我们要感谢公司里的每一个员工，因为正是有了他们的努力，作为领导的我们才能去做那些更有价值、更有意义的事情；我们还要感谢我们的助手和秘书，因为正是他们帮我们把琐碎的公务打理得井井有条。

所以我们要感恩我们的下属，他们也是人，他们也有父母，他们也想有一个美好的未来。所以，每一位伙伴，对我们的员工多一点关心，对他们多一点爱护，与他们多一点沟通。

感激伤害你的人，因为他磨炼了你的心志；

感激绊倒你的人，因为他强化了你的双腿；

感激蔑视你的人，因为他觉醒了你的自尊；

感激欺骗你的人，因为他增进了你的智慧；

感激抛弃你的人，因为他使你学会了独立；

感激成功，因为它造就了你的业绩与传奇；

感激失败，因为它使你成为一个有故事的人；

感激掌声与鼓励，因为它给了你勇气与自信；

感激嘘声与批评，因为它给了你冷静与自知；

凡事感激——感激一切使你成长的人；

学会感激——做一个懂得感恩惜福的人。

感恩是执行力的原动力。不管在什么情况下，一个人没有感恩之心，就不会有执行力。一个人有感恩之心的唯一表现，就是“马上做”、“对你好”。

感恩祖国就是愿为了祖国的强大而努力工作；感恩企业，感恩这个行业，就是愿为这个企业、这个行业去出力，这个“力”就是执行力；感恩一个人，就是愿为他（她）做一切。

这和我们的核心价值观“诚信、责任、感恩”是一脉相承的。感恩是发自内心的“我愿意”，感恩是快乐的DNA，感恩是通向成功的通道。一句话，那就是——感恩就是执行力！

（1）感恩是发自内心的“我愿意”

一个人首先要爱自己，只有爱自己才会爱亲人、爱朋友、爱同事、爱团队、爱企业、爱国家、爱人类。感恩的前提便是建立起自我，一个人把自己的天性释放出来，就会产生巨大的能量。感恩是打开一个人心门的钥匙，一个人的心门一旦打开，就会生发出无穷的力量。

企业文化建设的最终目的都是为了找回员工固有的灵性，只有回归本源，才会有爆发力，一个人有了灵性才会有巨大的创造力。那么，如何找回员工的灵性呢？

换句话说，如何让员工在工作中充分地展现出他的灵性呢？我认为：一个人不可能自己引爆自己，要想被引爆，一靠别人，二靠活动。所以，作为企业管理者，有义务去引爆你的员工、你的团队。

一个人工作和生活的最大动力莫过于发自内心的“我愿意”，感恩就是发自内心的“我愿意”。

心存感恩的人，才能在行动中更乐意去执行；当一个人懂得感恩时，就会自觉地将感恩化作一种充满爱的行动；一个人会因感恩而感到工作顺利，会因感恩而感到心情愉快。

真正的感恩是真诚的、发自内心的。当“我愿意”成为一种习惯，灵性这颗种子便拥有了使之舒展生发的土壤，而它的花朵和果实——创造力和执行力便拥有了开花和结果的机会和营养。

当一个团队中的每个成员都拥有感恩之心，每个人都能够发自内心的“我愿意”时，那么这个团队的创造力和执行力就拥有了强大的、源源不断的动力！

（2）感恩是快乐的 DNA

做事情的核心点，也就是“执行力”的核心点，是使人找到“乐”。找到“乐”，一切就是享受；凡是“不乐”者，一切都是负担。而找到“乐”的唯一通道，是必须迷上你所做的事，当你迷上你所做的事时，快乐便会源源不断地涌出。

感恩是快乐的DNA。一个懂得感恩的人，就会把心定在事上，把事放在心上，就会找到一种感觉，就会融入团队，就会有执行力，就能找到“乐”，就会有成就；一个懂得感恩的人，就不会计较个人得失，就会尽己所能地去帮助周围的同事，“予人玫瑰，手留余香”，在帮助他人时自己也会得到快乐；同时，当周围的同事被其感动时，也会加入到“感恩”的行列中来，那么快乐的“基因工程”便会全面展开，每位员工就会在感恩的行动中获得快乐，那么，发自内心的“我愿意”便会得到深化，这个团队的执行力便会随之被引爆。

（3）感恩是通向成功的通道

一个人有感恩之心，就会立刻行动，就会为他人、为团队献出爱心，而且会不断放大，最终进入“忘我”状态。

如果在一个团队中人人都有一颗“感恩的心”，就会形成一个感恩的“场”，也就是工作氛围，有了“场”就会产生一种“势”，有了“势”就会“势如破竹”，最终凝成一个字，那就是“成”，两个字，那就是“大成”。

凡是自然形成的天地万物运行的规律，称之为“道”；凡是顺随自然的，让人们按照这个规律去做，称之为“德”。“道”是用来行的，不是用来讲的；“德”是修炼来的，不是妄谈来的。

感恩会使人们对生灵产生敬畏感、神圣感、使命感，感恩是一种态度，一种使命，更是一种力量。感恩是一个人“德”的体现，是一个人修炼的结果。“无德不得，失德散尽”，失去“德”字，一切尽失。羔羊跪乳，乌鸦反哺，动物尚且感恩，何况是作为万物之灵的人呢？生而为人，要感恩父母，感恩师长，感恩国家，感恩大众！

子行博士点拨：培养员工“感恩精神”，塑造企业“感恩文化”是解决问题的根本，因为员工对企业心怀感恩，所以自动自发地做好本职工作，尽心尽力地服务顾客；顾客对企业心怀感恩，所以更好地宣传其品牌，订购其产品……

感恩之心让员工时刻保持清醒，生怕降低了质量、怠慢了顾客，从而更加积极主动地完善自我、回报他人。它所产生的强大生产力、竞争力及忠诚度是缺乏感恩和主动精神者难以匹敌的。

第二章　解除执行障碍的三大关键

第一节　没有不可能

他于1969年8月14日在澳大利亚出生，天生双腿自然残废，17岁时因同学用小刀将毫无知觉的腿切得血肉模糊，伤口感染，被迫截去双腿。他的事迹在世界范围内广为流传，他曾经来到中国北京做演讲，被中国人所熟知。他现在是世界上公认的国际超级激励大师——约翰·库缇斯。

中学毕业，约翰开始进入社会寻找工作。无数次被拒绝之后，他被一位杂货铺老板收留，后来又做过销售员、技术工人。一次偶然的演讲改变了约翰的一生。

在一次午餐会上，约翰应邀对自己的经历做一个简单介绍。他的痛苦经历和艰难现状感动了在场的所有人。很多人热泪盈眶，一个女士甚至跑到台上，告诉约翰，她非常不幸，正准备自杀，听了他的演讲以后，她觉得那些不幸已经不算什么了。

这使约翰突然意识到，讲出自己挣扎生存的经历，可以给别人以启迪，让别人拥有更积极的心态，感觉更快乐。从此，约翰踏上了职业激励大师的路途。

1999年，上天再次捉弄了约翰。他被查出患有睾丸癌，切除两个睾丸后，医生又一次无情地告诉他，癌细胞已经扩散，他只有12～24个月的生命了。约翰不愿坐以待毙，一年里，他查阅各种资料，四处寻求好的建议，俨然成为一名癌症专家。2005年5月，医生惊奇地发现，约翰还是那么健康。

2000年6月，约翰结婚了。他的太太里恩是一位金发碧眼的美人，并带来了一个儿子——6岁的克莱顿。克莱顿从小疾病缠身，患有自闭症、肌肉萎缩症、大脑内膜破损、心肌功能萎缩等。类似的经历，使得约翰和儿子有了更多心灵共鸣和共同语言。对于儿子，约翰一直坚信："我儿子一定能成为最棒的人物！"

1. 每天都是一场战斗

现年40岁的约翰·库缇斯天生下肢瘫痪并做了截肢手术，然而却取得一系列让正常人惊叹的成就：夺得澳大利亚残疾人网球冠军、成为澳大利亚板球队荣誉队员、一直坚持不用轮椅而用"手"走路、考取了驾照……

约翰形容自己"每一天都是一场战斗"：他刚生下来时，医生对他的父母断言他活不过一周；过了一周，医生又说他活不过一个月；过了一个月，医生又说他活不过一年；然而父母并没有放弃，只是更加悉心地照料他。周围有不少小孩骂他是"怪物"，10岁那年他被一群同班的小学生绑起来扔进点燃了的垃圾桶里，差点送命，后来幸被一位女老师发现并冒死救了出来；更有一些同学恶作剧，在他的课桌周围撒满图钉。生活中的遭遇让他一度想自杀，后被父母劝阻。

母亲对他说："你是世上最可爱的孩子，是爸爸妈妈的荣幸。"父亲告诉他："人是为责任而活着，即使身体上有残缺，也可以创造一番事业。"

在父母爱的力量鼓舞下，他以超人的毅力生活、学习，虽然他被确诊患了癌症，但他始终以积极的心态面对人生，面对那些在成长过程中歧视、敌视他的人。

约翰每天都像战士一样，时刻鼓励自己坚持下去。他认为，生活中的冠军远比体育中的冠军重要。真正的富有不是银行里存折上数字的多少，而是身体的健康、家庭的幸福。一个人必须给自己设立目标，并朝着目标不断前进，不要自暴自弃，不要被眼前的困难所吓倒，在还没有采取行动之前，不要对自己说"不可能"。

2. 生活并非理所当然

"正常人总把现有的一切想得理所当然，不珍惜手中所有，却追逐自己所无。"约翰·库缇斯提醒我们，在抱怨自己掉头发或发型不好看的时候，到医院看看因癌症而接受化疗的人，这些患者在接受化疗时头发都掉光了，相比之下自己不应该觉得很幸运吗？

“谁总说自己的鞋子不好看或合适的鞋码难找？那么是否愿意和我交换一下！生活并非理所当然，应该知足常乐。”

3. 意志坚定万事皆成

约翰·库缇斯的口头禅是：“因为我们能行”。就是因为这种信念，他不坐轮椅，坚持用手走动；为能够走远路，还学会使用溜冰板，他坚持参加体育运动并取得了许多人认为不可能的成绩。

谁是生命中最强的敌手？人的惰性其实才是我们每天所要殚精竭虑对付的对手。对于约翰·库缇斯来说，如果懒惰，无异于接受死亡。

今天的约翰·库缇斯已经成为了国际著名激励演讲家。他的格言是“因为我们可以”，他无视艰苦阻难，很多正常人没有去做的事情，他已经先一步做了。约翰·库缇斯作为一名职业教育家和赋予人灵感的演讲师，曾经在澳大利亚对25万人和世界上超过10万人的企业及社团演讲。

约翰·库缇斯，一个与众不同的人，他所经历的逆境与成功，对每个人来说，都是巨大的个人感召，他天生严重残疾，但他以拒绝死亡来挑战医学观念。

他的演讲雄伟壮丽，他有清晰的头脑，睿智的幽默感，他乐于付出他的时间和才能。他在全世界向千千万万热情、热切的人们演讲，他没有腿，也不依靠轮椅生活、移动和存在，却形成了世界级的自尊、自信和自立。

他与世界大师乔·吉拉德、汤姆·霍普金斯、美国前总统克林顿曾同台演讲，并曾得到曼德拉总统的亲切接见。约翰·库缇斯现在已迅速成为世界上最著名的残疾人演讲大师，并在国际上享有非常高的声誉。

约翰·库提斯的经历让我们深深震撼，一个只有上半身的残疾人，身残志不残，他的字典里没有“不可能”三个字，他没有因为身体的原因，而坐在轮椅中苟延残喘，而是自强不息，努力拼搏，取得令正常人汗颜的辉煌人生。

科学家做过这样一个有趣的实验：把跳蚤放在桌子上，一拍桌子，跳蚤立即跳起，跳起的高度超过其身高的一百倍以上。接着，在跳蚤头上罩一个玻璃罩，再让它跳，跳蚤碰到玻璃罩弹了回来。如此连续多次以后，跳蚤每次跳跃都保持在罩顶以下的高度。然后再逐渐降低玻璃罩的高度，跳蚤总是在碰壁后跳得低一点。最后，当玻璃接近桌面时，跳蚤已无法再跳。科学家移开玻璃罩，拍桌子，跳蚤还是不跳。从上面的实验中，不同的人可以得出不同的结论或是悟出不同的道理，玻璃罩可以是生活、工作的环境、曾经的经历、受过的挫折，甚至一些很小的琐事，正如实验中的跳蚤从一个“跳高冠军”最终变成了一只失去了自我、可怜的“爬蚤”一样，我们如果不能突破那层有形或无形、存在或不存在的玻璃罩，最终也会一事无成，庸庸碌碌。企业执行力也是这样，没有执行前的自我设限就是那片玻璃罩，它会限制我们的行动力。

当我们面对要到达到的目标时，如果失去坚定的人生信仰，不是去想办法达成，而是说“不可能”，那么任何任务都不可能完成。因此，要想提升执行力，必须删除“不可能”这三个字。

予行博士点拨：不可能扼杀了无数的可能，很多的不可能都是自我的假象和定义，事实上根本就不存在。执行的关键是挑战不可能，很多东西，你要敢于争取；理性永远不可能创造奇迹，感性容易失败，但更容易成功。

第二节　没有借口

人们有太多的借口，上班迟到了就借口：“路上堵车”、“手表停了”、“今天家里事太多”；业务拓展不开、工作无业绩就借口：“制度不行”、“政策不好”、“我已经尽力了”；工作出现失误了就借口：“我以为、我猜、我想、大概是”；工作进展慢就借口：“找不到人啊，无从下手啊”。

1. 没有任何借口

美国西点军校在世界久负盛名，它不仅培养了一批批的优秀军事人才，更重要的是它还培养出无数商界的精英，他们秉承军校的理念、价值观在商场上纵横捭阖。

“没有任何借口”是美国西点军校建校200多年来奉行的最重要的行为准则，是西点军校传授给每一位新生的第一个理念。它强化的是每一位学员想尽办法去完成任何一项任务，而不是为没有完成任务去寻找借口，哪怕是看似合理的借口。秉承这一理念，无数西点毕业生在人生的各个领域取得了非凡的成就。

西点军校，这所在美国影响最大的军校，创建至今已经200多年了。西点军校的正式名称叫“美国军事学院”，由于校址位于纽约北部哈得孙河西岸的橙县西点镇，故又被称作“西点军校”或“西点”。

西点的教学更强调人的多方面发展。它对学员有三方面的要求：学术、军事、体能。其成绩分别占总分的55%、30%和15%。西点必修的核心课程不仅包括数理工程的科目，还有社会科学和公共事务科目。这样，培养出来的学员不仅有专业的特长，还有广泛的社会知识，掌握基本的军事技能，具备强健的体魄，其综合素质和能力好于同龄人。难怪西点的毕业生中，不仅有杰出的军事将领，还有政治家、企业家。

在西点军校建校200多年中，共有3800多名学员成为将军。仅1915届的164名学员中，就有59名成为准将以上军官，其中3位四星上将、2位五星上将和陆军参谋长，1名当了美国总统。

据统计，在美国商界，活跃着这样一批人：他们取得了骄人的业绩，但他们并未在商学院接受正规的商业教育，令人惊异的是，他们都毕业于西点军校！请看一组令人震撼的数据：在全球500强企业中，西点军校先后培养出了1000多名董事长、2000多名副董事长、5000多名总经理，其数量与比重远远超过哈佛等名校的商学院。从这个角度而言，西点不仅仅是一个优秀的军校，同时也是世界上最优秀的商学院！

2. 向军人学习执行力

所以企业执行力必须向军人执行力学习。用西点军校的模式，你的思维、行为、作风可得到彻底改变。

西点管理思想注重做事不允许有任何借口。这一思想的内涵在于强调人要在责任、荣誉的基础上尽一切办法去完成任务，而不是为没有完成任务寻找借口。

西点执行人才能更主动地执行任务，充分发挥人的聪明才智，保证人在面对任何困难时候，勇敢、敬业、有使命感、多想办法、多探索出路，保证百分之百完成任务。

西点管理通过帮助人建立品德，让人知道对自己所做的一切事情都需要负责，做事就会达到一个新的境界，这样才能在自己无法独立完成目标或者资源缺乏的时候，得到别的团体的帮助与协作。

西点团队强调服从和执行，西点管理思想强调严格。在管理上严格，有了严格的要求，让员工有适当压力和进取心可以创造出不平凡的业绩。

在这所学校里有一个广为传诵的传统就是遇到军官问话，只能有四种回答“报告长官，是”，“报告长官，不是”，“长官，不知道”，“报告长官，没有任何借口”。除此以外，不能多说一个字。例如军官问道：“你的鞋子算是擦亮了吗?”你当然希望能为自己辩解，可能想说：“有位同学不小心踩到我的鞋子”、“对不起，我还没来得及”。但是，你只能回答：“报告长官，不是。”

如果长官再问“为什么”，唯一的回答只有：“报告长官，没有任何借口”。军官要的只是结果，而不是喋喋不休、长篇大论的辩解。也许你会感到如何不公平——其实人生并不是永远公平的。正是这种训练使这些军校学生明白一个道理：无论遭遇什么样的环境，都必须学会对自己的一切负责!

他们现在只是年轻的军校学生，但是日后他们肩负的却是自己和其他人的生死存亡乃至整个国家的安全，在生死关头，你还能到哪里去找借口?

哪怕最后找到了失败的借口又于事何补?“没有任何借口”被西点军校奉为最重要的行动原则，迫使每一位学生在限定时间内把握每一分每一秒去完成任何一项任务，而不是为完不成任务寻找借口。在生活和工作中，我们经常会听到一些借口，这些借口在我们的耳畔窃窃私语，告诉我们不能做某事或做不好某事的理由，它们是“理智的声音”、“合情合理的解释”，冠冕而堂皇。

上班迟到会有“路上堵车”、“手表停了”、“今天家里事太多”等借口，做生意赔了是因为“市场变化太快”，业务拓展不开是因为“上面不给政策”，事情做砸了是因为“别人不配合”，国有企业搞不好提及最多的理由则是“体制不行”，而且几乎都是异口同声。

只要细心去找，借口无处不在，做不好一件事情，完不成一项任务，有成千上万条借口在那儿响应你、声援你、支持你，抱怨、推诿、迁怒、愤世嫉俗成了最好的解脱。借口就是一张敷衍别人、原谅自己的“挡箭牌”，就是一副掩饰弱点、推卸责任的“万能器”。借口平白提高了组织成员之间的沟通成本，削弱了团队协同作战能力，使人们在忘却责任的同时也被剥夺了成功的机会。

3. 失败没有任何借口

当然找到借口也有好处，那就是把属于自己的过失掩饰掉，把应该自己承担的责任转嫁给社会或他人，获取暂时的心理平衡或慰藉，博得有害无益、纵容消极的少许同情，除此之外，所得到的最终结果只能是：一事无成。

当然，我们不能解决路上堵车的问题，我们也不能一下子改变政策的取向或国有企业的机制，但就是在这种环境下，就是在现有的条条框框中，我们同样可以把事情做到极致。我们无法改变他人，但一定能改变自己的态度，远离借口的羁绊，坚定自己完成任务的信心和决心。

越是环境艰难，越是敢于承担责任，锲而不舍，坚韧不拔，就一定能清除借口这一条“寄生虫”的侵扰。很多借口其实都是我们自己找来的，同样我们也可以完全抛弃它们。

我们不妨针对迟到的借口打一个极端的比喻，假设迟到一分钟，你就要被枪毙，这时你还会迟到吗？那些借口难道不会一个个被你轻而易举地克服并变得无影无踪了吗？

英国的世界级运动员罗杰·布莱克在体育上获得了惊人的成就，是奥林匹克运动会400米银牌得主并被授予大英帝国最高勋爵，罗杰的成就与众不同：他患有心脏病。在其整个体育职业生涯中，除了家人外，他从未向世人公布过他的健康状况，他后来说“我不想小题大做，如果我失败了，我不想以此为借口”。

他的意念是：失败没有借口。在心脏病缠身不适合剧烈运动的情况下，罗杰依旧选择了需要大运动量和良好技能的竞技项目。如果罗杰事先就向世人说明他的健康状况，那么他在运动场上即使没能有出色的表现，别人也不会责怪他，但他却没有为这个合情合理的借口无端耗费时间，干扰自己的行动目标。

子行博士点拨：找借口的原因是：没有做出结果。找借口的本质是：不敢承担责任。杜绝所谓的合理解释：路上堵车、我没学过、我从没受过适当的培训来干这项工作等。

懂得工作中是没有任何借口的，失败是没有任何借口的，人生也没有任何借口。不论选择借口还是责任，你都是选择对工作和生活的态度。没有任何借口看似不公平、绝情、冷漠，实质是承担责任、自信、不拖延。

第三节　没有条件

第二次世界大战时，德国法西斯发动侵略战争，欧洲大陆许多国家都屈服于纳粹军队的铁蹄之下。英国的丘吉尔首相临危受命，组成战时内阁，他在就职演讲时激昂地说："你会问，什么是我们的目的？一言以蔽之：胜利。不惜一切代价，不畏任何恐怖，去争取胜利。尽管前途漫长险恶，也要夺取胜利。因为没有胜利，就没有一切。"

企业里执行任务时，肯定会遇到各种各样的困难。困难不可怕，可怕的是对困难的畏惧。只有藐视困难，才能最终战胜困难。

1. 不惧怕困难

王进喜，甘肃玉门人，是新中国第一批石油钻探工人，全国著名的劳动模范。

1938 年，15 岁的王进喜进入玉门石油公司当工人，新中国成立后历任玉门石油管理局钻井队长、大庆油田 1205 钻井队队长、大庆油田钻井指挥部副指挥。1956 年加入中国共产党。他率领 1205 钻井队艰苦创业，打出了大庆第一口油井，并创造了年进尺 10 万米的世界钻井纪录，展现了大庆石油工人的气概，为我国石油事业立下了汗马功劳，成为中国工业战线一面火红的旗帜。王进喜以“宁可少活二十年，拼命也要拿下大油田”的顽强意志和冲天干劲，被誉为“油田铁人”。

1959 年，他作为石油战线的劳动模范到北京参加“群英会”，在大会上他被授予“全国先进生产者”称号。在北京参会期间，他看到大街上的公共汽车，车顶上背个大气包，他奇怪地问别人：“背那家伙干啥?”人们告诉他：“因为没有汽油，烧的煤气。”这话像锥子一样刺痛了他。王进喜后来说：“北京汽车上的煤气包把我压醒了，真真切切地感到国家的压力、民族的压力，忽地一下子都落到了自己肩上。”他曾多次向工友们说：“一个人没有血液，心脏就停止跳动。工业没有石油，天上飞的，地上跑的，海上行的，都要瘫痪。没有石油，国家有压力，我们要自觉地替国家承担这个压力，这是我们石油工人的责任啊!”

1960 年春，我国石油战线传来喜讯——发现大庆油田，一场规模空前的石油大会战随即在大庆展开。王进喜从西北的玉门油田率领 1205 钻井队赶来，加入了这场石油大会战。一到大庆，呈现在王进喜面前的是许多难以想象的困难：没有公路，车辆不足，吃和住都成问题。但王进喜和他的同事下定决心：有天大的困难也要高速度、高水平地拿下大油田。钻机到了，吊车不够用，几十吨的设备怎么从车上卸下来?

王进喜说：“咱们一刻也不能等，就是人拉肩扛也要把钻机运到井场。有条件要上，没有条件创造条件也要上!”他们用滚杠加撬杠，靠双手和肩膀，奋战 3 天 3 夜，38 米高、22 吨重的井架迎着寒风矗立荒原。这就是会战史上著名的“人拉肩扛运钻机”。要开钻了，可水管还没有接通。王进喜振臂一呼，带领工人到附近水坑子里破冰取水，硬是用脸盆、水桶，一盆盆、一桶桶地往井场端了 50 吨水。经过艰苦奋战，仅用 5 天零 4 小时就钻完了大庆油田的第一口生产井。

在重重困难面前，王进喜带领全队以“宁可少活二十年，拼命也要拿下大油田”的顽强意志和冲天干劲，苦干5天5夜，打出了大庆第一口喷油井。在随后的10个月里，王进喜率领1205钻井队和1202钻井队，在极端艰苦的情况下，克服重重困难，双双达到了年进尺10万米的奇迹。

藐视一切困难，体现在企业身上就是能在不利的环境下克服困难。藐视一切困难，让华为这个没有任何背景的民营企业迅速成长，并向“世界一流通信设备制造商”的目标迅速迈进。

海尔的前身是青岛市一家濒临倒闭的小厂，最困难时企业已发不出工资，剩下不到几百名人心涣散的员工。张瑞敏正是在这时“藐视一切困难”，担起了这个重担。他进厂后，先是用13条纪律杜绝员工的不良习惯，又借钱给员工补发工资，稳定了军心，接着引进德国“利勃海尔”技术，向着国内电冰箱第一品牌的目标迈进。

“困难像弹簧，你弱它就强”，张瑞敏以及中层干部带出的队伍没有被困难压倒，将海尔建设成一家大型国际化企业集团，多次蝉联中国最有价值品牌第一名。

不惧困难，排除万难，去争取胜利。一个团队具备了这种精神，就能够在困境中求得生存，在顺境中获得腾飞。

2. 创造条件

在那些日子里，王进喜身患重病也顾不上去医院；几百斤重的钻杆砸伤了他的腿，他拄着双拐继续指挥；一天，突然出现井喷，当时没有压井用的重晶粉，王进喜当即决定用水泥代替。成袋的水泥倒入泥浆池却搅拌不开，王进喜就甩掉拐杖，奋不顾身跳进齐腰深的泥浆池，用身体搅拌，井喷终于被制伏，可是王进喜累得站不起来了。

房东大娘心疼地说：“王队长，你可真是铁人啊！”“铁人”的名字就是这样传开的。王铁人为发展祖国的石油事业日夜操劳，终致身心交瘁，积劳成疾，于1970年患胃癌病逝，年仅47岁。王进喜干工作处处从国家利益着想，他重视调查研究，依靠群众加速油田建设，艰苦奋斗，勤俭办企业，有条件要上，没有条件创造条件也要上，建立责任制，认真负责，严把油田质量关。他留下的“铁人精神”和“大庆经验”，成为我国进行社会主义建设的宝贵财富。

1964 年，毛主席向全国发出“工业学大庆”的号召。王进喜身上体现出来的“铁人精神”，激励了一代代的石油工人。“铁人”王进喜不仅是工人阶级的先锋战士、共产党人的楷模，他更是一个为国家分忧解难、为民族争光争气、顶天立地的民族英雄。

2009 年 9 月 10 日，在中央宣传部、中央组织部、中央统战部、中央文献研究室、中央党史研究室、民政部、人力资源社会保障部、全国总工会、共青团中央、全国妇联、解放军总政治部 11 个部门联合组织的“100 位为新中国成立作出突出贡献的英雄模范人物和 100 位新中国成立以来感动中国人物”评选活动中，王进喜被选入“100 位新中国成立以来感动中国人物”。

3. 成功来自于绝对服从

马云说阿里巴巴之所以成功，是因为他找到了 3000 个绝对不讲条件地服从他的人。中国人民解放军为什么能成为世界上最优秀的军队之一？因为他们不讲条件，“没有枪没有炮，敌人给我们造”。

而今天的企业执行力之所以差，在于有些员工大讲条件，跟老板谈判能力极强。员工越“聪明”，公司倒得越快。

公司靠什么人支撑？靠的是把全身心放在公司、不讲条件的员工，根本不是能力强、经验多、学历高的员工。一个真正爱企业的人，一定会把灵魂和肉体都献给深爱的企业。

于行博士点拨：当团队里有人讲条件时，不可满足其条件。满足一个人提的条件，就是激发一群人提条件，同时打击那些没有提条件的优秀执行者。

为什么团队中提条件的人越来越多？提条件的被满足，没有提条件的被忽略。针对提条件的人怎么办？下降条件提高要求、你敢要我就敢给、赶紧储备接班人、列入黑名单、主动优待没有提条件的人。

第三章　执行三大操作系统

第一节　法制执行力——用制度保证执行力

刑法是一个国家打击犯罪的强有力武器，如果没有了刑法，犯罪分子就会变得非常猖獗，将严重影响社会的安定和人们的日常生活。而在一个企业中，有没有类似的“刑法”呢？

如果没有，你的企业是不是经常出现问题，造成很多麻烦，让你日夜头疼呢？所以接下来我们要掌握的就是企业的“刑法”——边界管控。

边界管控之所以被誉为企业中的“刑法”，因为它就是企业的一根“高压线”，不可触摸、不可跨越；无论是谁，胆敢以身试法，轻则“伤身”，重则“死亡”。一个企业家，有没有管控边界的策略意识？一个企业，有没有一套边界管控系统？这确实是我们应该认真思考的。

1. 按制度办事

在管理和执行力方面，道家倡导无为而治、顺其自然、知人善任、政简刑轻、高瞻远瞩；儒家倡导以人为本、中庸之道、和谐、以和为贵、以理服人；法家认为人性本恶，强调监督、告诫、处罚、有法可依、有法必依、执法必严、违法必究、坚持原则。

在执行力提升方面，我们主张法治与人性化相结合，尤其在制度层面，要坚持原则，以法治企。

2. 先小人后君子，先生人后熟人

在制度层面，你要相信性本恶。制度涉及的是“小人思维”，先小人后君子，大家都是君子，而先君子后小人，则大家都是小人。

“不好意思”阻碍了事业的发展，被感情所困，被面子所困，被七情六欲所困。在决策时我们之所以无法把别人想坏，就是我们被感情所困，在决策时我们之所以把丑话说在前面，是因为我们被面子所困，所以成大业者，必须抛弃七情六欲，才能够抓住事物的根本。

好的制度能够让坏人没有机会做坏事，时间久了让坏人变好人。十年企业靠制度，百年企业靠文化。坏的制度能够让好人有机会做坏事，时间久了就变成坏人。

每个企业都应制定电网机制：将企业最不想让员工做的事（3～8 条），变成企业自己的制度，最后变成员工的文化，最终变成行为。定一个制度，定一个规则，让制度去识别。文化变成制度，制度变成思想，思想最后要变成行为。世界上最难管的就是人，敬畏制度，敬畏原则，员工一旦意识到制度第一，人们就会尊重制度。

成大业者，要有亲信，亲信不是亲人，而是尊重公司原则的人。所以凡是不尊重公司原则的人，统称为敌人。

如某企业规定严禁传播负面的思想和情绪，否则要除名。威信是领导者的核心，开除会产生恐惧，绝对不能让下属挑战权威。请记住，领导人强势不是做人的强势，而是对原则的强势。

“生人原则”靠制度办事，“熟人文化”靠感情办事。执行力的前提是法不容情；顾面子是实事求是的大敌。熟人文化＝保护自己人＋找靠山＋牺牲原则＋熟人好办事。坚持“生人原则”应注意：对上级要价值，不要讨好；对同事要对事，不要对人；对客户要结果，不要理由；对自己要原则，不要人情。

于行博士点拨：制度是大家的共识，神圣不可侵犯，制度是企业的筋骨，破坏制度就是伤筋动骨，重大制度要上升为企业的基本法，视为制度中的制度；以制度为中心让员工依赖制度，才能让员工养成对原则的依赖性，而以领导为中心则容易让员工养成依赖领导的惯性，员工越依赖领导，公司的组织就越弱，而企业的组织能力是一个企业做强做大的关键。

你一旦失去原则，员工就变成了只会给老板打电话的人；要想永远让员工依赖原则，企业首先要打造核心竞争能力，我们称之为组织能力。

3. 物质鼓励，精神激励

一个团队如果只有物质鼓励而没有精神激励，一定不能发展壮大，因为它不能让人们得到更高层次的满足；反之，如果只有精神激励而没有物质鼓励，这个团队能否存活都是问题，因为它没有解决人们最基本的生理需求。

只有物质鼓励和精神激励综合运用于团队，团队才能基业常青，不断发展壮大。当然，如何运用物质鼓励和精神激励，还需要区别对待。

史玉柱根据自己多年的创业经验总结道：对老板来说，你别指望最基层第一线的员工跟你一样有雄心抱负，对你强调的那种企业文化有认同，实际上他们更多的还是要考虑个人利益问题。

这句话很残酷，但也很现实。事实上，不仅仅是最基层的员工，即使是高层管理人员，如果缺少了对他们的物质鼓励，他们一样不会努力工作。纵观所有创造了奇迹的伟大团队，管理者在对他们进行精神激励的同时，必定还给了他们巨大的物质回报。马云如此，史玉柱如此，牛根生如此，张近东也如此。

马云在创业之初，并不能给员工提供高工资待遇，但他的团队仍然具有高涨的热情和冲劲，时刻保持着强盛的战斗力。有人分析这与马云特有的个人魅力及他的精神激励有关，事实上，如果马云没有为大家描绘出一幅将来可以“赚大钱”的美好前景，即使他再有领袖魅力，恐怕也难以让他的“十八罗汉”团队长久运作下去。

事实上，马云肯定懂得物质鼓励的必要性和重要性，要不然，他不会在“阿里巴巴”上市之后，立即进行了“散财”活动，让跟随他多年创业的伙伴们都得到了巨额的金钱回报。

最善于运用物质鼓励的当属蒙牛的牛根生。在创立蒙牛的头几年，牛根生有80%的收入都花在了“大家”的身上，他在企业里更是有“五个不如”：住房不如副手的阔，坐骑不如副手的贵，办公室不如副手的大，工资不如副手的高，股份不如副手的多，因为都捐了。

牛根生一直信奉“财聚人散、财散人聚”。早在伊利担任副总的时候，他就曾将自己的100多万年薪分给手下员工。“当时我分钱的目的不是为了救穷和救急，而是给我的部下干活预付的报酬。如果我觉得某个人干活非常有能力只是差一点动力，我认为投资到这个人身上值，对团队会有好处”。由此可见，牛根生“散财”的目的，就是为了激发团队成员的工作动力。

或许有人会问：我带领的团队并没有独立财务权，如何对成员进行物质鼓励？答案是，在你力所能及的范围内，对员工进行鼓励。在一个制度规范的公司里面，团队完成任务指标后，总能得到公司的物质奖励。只要你把这些奖励进行合理的分配，而不是放入自己的腰包，就能在一定程度上激发大家的工作动力。不要以为奖励太少，分下去也没有用。人们的心理通常是不患寡而患不均，在公司既有的奖励制度下，只要你能尽可能地考虑到大家的利益，人们还是乐意努力工作的。

有一种情况会例外。在有的公司里面，由于老板的原因，大家只能拿死工资，工作做得好了，没有任何奖励，工作做得不到位，惩罚却一定会有。在这样的公司里面带团队是一件非常痛苦的事情，因为大家没有任何的工作动力。很多有志于做一番事业的团队领导对此苦恼不已。其实，完全没有必要苦恼，因为在这样的公司里面，老板的心态已经决定了你就是才智超人，也难以做出一番成绩。你唯一的选择就是另谋高就，选择一家正规化的公司。

单纯的物质鼓励对由基层员工组成的团队比较有效，而对那些收入较高，已经不再为生活担忧的中高层人员来说，还需要配以精神激励。就如美国通用食品公司总裁弗朗克斯所说：“你可以买到一个人的时间，你可以雇一个人到指定的工作岗位，你可以买到按时或按日计算的技术操作，但你买不到热情，买不到创造性，买不到全身心的投入，你不得不设法争取这些。”

只有在物质鼓励的基础上配以精神激励，才能激发人们的创造性与工作热情。根据美国管理学家皮特的观点，物质奖励会带来副作用，它会使大家彼此封锁消息，影响工作的正常开展。而精神激励是在较高层次上调动职工的工作积极性，其激励深度大，维持时间也较长。

人们对精神激励的认识往往局限在荣誉上，认为只要给予做出突出贡献的员工以相关的荣誉，就算是精神激励。这真是最大的误区。精神激励之所以能产生更大的作用，不仅仅是它对人们的工作成绩给予了肯定，更重要的是，它给人们的发展提供了更大的空间。

管理学把精神激励定义为内在激励，它强调的是精神方面的无形激励，包括向员工授权，对他们的工作绩效的认可，公平、公开的晋升制度，提供学习和进一步提升自己的机会，实行灵活多样的弹性工作时间制度以及制定适合每个人特点的职业生涯发展道路，等等。

可见，精神激励不仅仅是对团队成员工作成绩的认可，它还包括更多的内容。简单地说，只要能使员工感受到团队的关爱并激发起员工的工作热情，进而进一步演化成提高业绩的活动，都属于良好的精神激励方法。比如总部设在美国密歇根州的必胜客连锁店，每年都会举办一届特别比赛。比赛包括切洋葱、开送货车、制作面饼等妙趣横生的项目，全体员工都可以参加。由于比赛过程充分展示了各部门员工的高超技艺，所以员工们酷爱这项活动，工作热情也大为提高。

子行博士点拨：一个团队的文化应该是物质与精神的综合体。当团队成员还处于为生存工作的时候，就要偏重于物质的激励；而当团队成员远远超越了物质的需求时，就要适时地把激励的重心偏向精神。

这种从物质鼓励到精神激励的偏移，需要团队领导微妙掌控。否则，在大家还没吃饱饭的时候高唱理想，可能理想还没建立，团队就已经解散了。

第二节　文化执行力——用文化保证执行力

一年获利靠机遇、三年不败靠领导、五年成功靠制度、百年成功靠文化。企业存在的最大问题在于只抓工作，不关心人；只重命令，不重沟通；只重眼前，不重未来；只重制度，不重文化。

企业文化是在企业发展过程中形成的员工共同价值理念和行为准则。企业文化有三个层次：物质文化、制度行为文化、价值观文化。物质文化包括产品、商标、建筑布局、工作服、胸牌、名片等；制度行为文化包括企业制度和行为规范；价值观文化包括企业使命、精神、作风、价值观。如海尔精神：敬业报国、追求卓越；海尔作风：迅速反应、马上行动；海尔客户理念：只有内部客户的严格才有外部客户的满意；海尔问题理念：看不出问题才是最大的问题。

企业文化哪里来？结果来自行为，行为来自思想，思想来自文化。企业文化来自老板思想的总结与延伸。老板思想的传播就是企业文化。

老板是舵手，文化是旗帜，没有老板的第一实践，就没有文化的传承，所有的员工都是老板的复制品。团队成员是团队领导的复制品。企业文化是老板思想的层层复制。高层复制中层，中层复制基层，基层复制员工。由背文化到变成思想到变成信念。

文化导入就是让一个组织有魂。一个没有文化底蕴和精神的人是一个躯壳；一个没有信仰和精神的组织是一盘散沙。一个民族有一个民族的文化，一支军队也有一支军队的文化；一个民族文化的精髓即为这个民族的魂，人称民族魂；一支军队文化的精髓即为这支军队的军魂。

1. 构建“内生式”文化

团队文化的重要性越来越受到人们的关注。一个团队如果有良好的文化，团队成员就能够在轻松愉快的环境中工作，他们彼此信任，有共同的目标，能够互相合作，并爆发出极强的创造性和战斗力；而在那些没有团队文化或者有不良文化的团队里面，成员之间关系冷漠，上下级也缺乏沟通和信任，部门之间更是互相推诿，内耗严重，最终导致目标的无法实现。

杰克·韦尔奇说："如果你想让列车时速再快10千米，只需要加一加马力；若想使车速增加一倍，你就必须要更换铁轨了。资产重组可以一时提高公司的生产力，但若没有文化上的改变，就无法维持高生产力的发展。"

虽然常常有人说，要弘扬团队文化，要发扬团队精神，看起来很重视团队文化。但当你问他是如何打造团队文化时，得到的回答却让你大失所望。

很多人对团队文化的理解，就是参加一些训练公司的团队训练项目，如分成几个团队进行齐力拉绳吊木桶比赛、拔河比赛、蜈蚣比赛、拉绳扎房子等活动，以为这些训练就能弘扬团队文化。还有一些人则实行"拿来主义"，把一些杰出团队的文化照抄照搬过来，认为这样就能让自己的团队具备了优秀的文化。

这种打造团队文化的方式，实际上是一种形式主义。真正的团队文化，从来都不可能靠移植或复制就能成功。就如同一个公司的管理，只靠学习模仿西方公司的管理理念，而忽视了自己的成长环境，是永远不可能成功的。西方很多成功的管理模式，一旦被引进中国就遭遇"不适用"的困境，就是这个原因。

从20世纪90年代中期开始，中国餐饮业就开始模仿肯德基和麦当劳的标准化模式搞餐饮连锁。他们把自己的店面装饰得与麦当劳和肯德基很相似，包括统一装修风格、统一着装、统一餐具、统一食品供应等，甚至连麦当劳的"儿童乐园"也被照搬了过去，有的甚至紧紧跟在国外餐饮连锁企业后面模仿他们的一切经营方式和营销战略。然而，10多年过去了，成功者很少，成名者很少。这其中的原因固然各种各样，但毫无疑问，这些模仿者都违反了一个基本的规律，那就是他们都忽视了中西餐饮文化的差异。

中餐往往注重配料精细而考究，千变万化，技巧繁多。从刀功来看，就要求眼、刀、心的一致配合，才能达到一定的境界。在烹制过程中还要做到火候、味感的把握。出盘则是圆盘相托，一团和气，反映出中国人的聚气而生，以圆为主，平和而儒雅。可以说，灵巧而善于思考，理性而知性的中国人形象在饮食中被表现得淋漓尽致。

西餐文化与中餐文化有很大的区别，西餐文化是在西方传统文化的基础上，经过现代工业文化的不断改进而形成的，其中无形地渗透着西方文化传统的一些方面，如“平等”、“自由”、“卫生”、“隐私”等文化内涵。

美国最多的还是快餐店，这可能与美国人的时间观念、生活方式有关。美国人素来讲究效率，也最不拘小节，快餐文化在美国的蓬勃兴起大概也和他们的这种秉性有关。快餐的卫生、高效、节约时间和休闲浪漫是西方快餐发展壮大的文化基础。

从文化的层面来看，中餐重视的是亲情、气氛、营养、形式；西餐更多重视的是效率、卫生。这种不同，恰恰是中西民族文化差异的重要组成部分。如果无视这些差异，一味地追求向西方餐饮巨头学习，生搬硬套地挪用西方餐饮企业管理的经验和方法，而不针对中餐文化的特点加以改进，最终一定会以失败而告终。中式餐饮的标准化连锁成功很少，很大的原因就在这里。

如果管理模式的复制都很难成功，那么与生存环境有更紧密联系的团队文化，就更难以复制成功了。

事实上，一种好的团队文化，是极其难以被模仿或者复制的。张瑞敏说，海尔的核心竞争力就是海尔文化，海尔的什么东西别人都可以复制，唯独海尔文化无法复制，由此可见文化的独特性。也正因此，我们在构建团队文化的时候，应该遵循“内生式”原则，而非“拿来主义”。

所谓内生式文化，其核心就是，团队文化的形成并非模仿或复制其他团队，而是从自己的团队内部诞生出来。在基于自有成长环境的基础上，对团队内部各成员的价值观、职业态度进行梳理提炼，最后所形成的一种对团队成长有利的文化，就是团队的内生式文化。

内生式文化的优势就在于，它能更好地被团队成员接受。如果是把一种和大家的工作习惯截然不同的文化拿过来，强制大家学习，那么人们就会产生排斥心理。内生式文化则不同，它是把大家的工作习惯中正面积极的共性部分提炼出来，把它变成一种原则，让大家遵守。

通常来说，团队只要有三个人以上（包括三个人），就会形成一种文化。这种文化可能是正面积极的，也可能是负面消极的。如何引导、提炼正面积极的文化，让它变成清晰可依的团队精神，需要团队领导有意识地构建。

构建内生式文化的第一要点就是不能偏离公司文化的氛围。每个公司都会有自己的文化氛围，这种氛围构成了不同于其他公司的文化特色。如果团队领导忽视了这一点，很容易就会进入误区。比如有的人进入一家新公司带领一个新团队，他觉得上一家公司的文化要比现有公司的文化优秀，于是就想把上一家公司的文化移植过来，直接变成现有的团队文化。这种想法看起来很吸引人，殊不知却是一个很大的陷阱，很多职业经理人无法在新的公司里面干下去，就与此有关。

所以，无论原公司的文化如何优秀，在进入新公司后，你必须接受它既有的文化。要知道，每个公司的成长经历和环境不同，它所形成的文化也会表现出很大的差异性。海尔的文化不见得适合华为，联想的文化也不见得适合娃哈哈，但它们却都经营得非常好。因此，文化并没有绝对的好坏之分，而只有适合不适合的问题。

也就是说，在构建团队的内生式文化时，一定不能偏离公司文化这个大的方向。如果公司强调加班文化，而你却要求团队严格遵守上下班时间制度，即使你确实为团队成员争取了权利，团队的战斗力也得到了保证，你还是难以得到上司的赏识与支持。如果公司文化带有很强的人情味，而你却一定要求大家严格地按制度执行，虽然你是正确的，你的管理方式也是科学的，你还是会以失败告终。

以北大方正为例。北大方正虽然经历了多次高层人事变动，但公司内部依然保留一种充满亲情和凝聚力的文化。作为一家由校办企业发展起来的高科技公司，公司内部的许多人员之间要么是师生关系，要么是同学关系。公司内部下级对上级常以“老师”相称，虽然没有明确的制度和流程，但企业对忠诚、献身精神和创新精神却给予了很高的鼓励，并授予那些值得信任的人很大的权力。一句话，在公司里面，“人治”是管理的主要特点。

从惠普跳槽到方正的李汉生走马上任了解了情况以后，曾为方正居然被许多人视为中国高科技企业的典范感到不可思议。因为公司内存在显而易见的资源配置低效率和资源使用低效率；“大锅饭”严重；组织臃肿而且分工不明确；缺少科学的政策、规则、步骤与程序，问题的解决或处理具有太多的特殊性、任意性和随机性。一言以蔽之，“简直是农业社会的管理!”

面对这种局面，李汉生几乎毫不犹豫地做出选择：彻底摧毁这种结构和文化，以机械式管理系统对其进行替代，即重构以集权、严格的层次、科学的分工、严格的制度和严密的控制为基础的新的结构与文化，同时削减不能赢利的业务，更换不能接受这种文化和管理模式的人员。

李汉生的“新政”在公司内部引起极大争议，比如有人问他：“如果你在公司看到暖瓶倒了，是否把它扶起来?”李汉生间接地回答：“是你的职责，你必须扶起来；不是你的职责，就不需要你管。”这样的回答显然已经没有再争议下去的必要性。经过一段时间的剧烈动荡，北大方正已非老员工心目中的方正，甚至也不是创业者心中的方正了，事实上老员工已经所剩无几，公司变得面目全非：原有的忠诚、凝聚和创新精神没有了，新的管理体系和文化也没有建立起来，核心竞争优势逐渐消失，最后李汉生也不得不黯然“下课”。

李汉生的失误在于他要构建的新文化不是内生式的，而是从其他公司移植过来的。这种移植的文化与方正既有的文化严重冲突，势必会引起人们行为及心理上的抵抗。如果李汉生是公司的最大掌权人，对公司有着绝对的领导权，那他可以进行这种巨大的文化改变。但他不是，他只是一个职业经理人，所以他最后只能走人。

如果李汉生能够对方正这种人情味很浓的文化因势利导，而不是全盘否定，他很可能会获得成功而不是走人的下场。当然，他的目标并没有错，错的是他在摧毁旧文化的时候，并没有建立起一种新文化。

任何一个团队领导，都必须学习公司文化中合理的一面。每个企业能生存下来，必然有它的道理。因此，无论你是“土生土长”的公司老人，还是“空降兵”，都要首先学习公司原来的做法。只有把公司的文化了解了，才能在它的大原则下去创新。

2. 吸引人心的宏伟远景

在古罗马鼎盛时期，这里流传着一种致命的“病疾”——奴隶制度。斯巴达克斯是巴尔干半岛东北部的色雷斯人，罗马侵入北希腊时，他被俘虏，并被卖为角斗士奴隶，送到卡普亚城一所角斗士学校参训。

角斗士的生活让斯巴达克斯饱受凌辱和折磨，对自由的渴望愈演愈烈。终于，斯巴达克斯勇敢地站出来，领导这里七十几位角斗士杀死守卫的兵卒，掠夺了奴隶主们的财富，迅速组建了一支强大的起义军，并多次战胜强大的罗马军队。为了遏制日渐强大的起义军，罗马元老院分别从西班牙和色雷斯将庞培与路库鲁斯的军队调来增援克拉苏。最终，由于实力悬殊，起义以失败告终。

当获胜的罗马军队首领对着几千名被俘虏的起义军说："可怜的奴隶们，你们要知道，你们生来为奴，你们永远改变不了自己的命运。如果你们能指证谁是斯巴达克斯，就可以免你们一死，继续做你们的奴隶。"这时，斯巴达克斯勇敢地站起来说："我就是斯巴达克斯!"令人不可思议的是，面对死亡，所有的义士们毫无惧色，都一一站了起来说："我就是斯巴达克斯!"六千名俘虏也因此被钉死在从罗马城到加普亚一路的十字架上。

面对死亡，这些义士们的举动可以说是惊天地泣鬼神。但值得我们深思的是，是什么让这些义士们面对死亡而毫无惧色?

可以从两个方面来进行分析：首先，对自由的追求这一神圣的目标在支撑着所有的勇士们，因为他们坚信自由是值得用生命来换取，他们已经不想再成为被人奴役的奴隶，因为战斗，他们看到了自由的希望，看到未来美好的生活。而投降，虽然可以活命，但也意味着继续奴隶的生活，这将生不如死。

其次，斯巴达克斯所领导的军队已形成一个坚强的整体，再加上这位精神领袖对这些义士们的精神洗礼，让这支起义军变得无比强大。所谓的精神洗礼就是用强有力的精神意志，将义士们对死亡的惧怕降为零，对自由的渴望变得无穷大。所以，十几万人终于拧成一股力量，而且每个人都骁勇善战，这种强大让罗马元老院的大臣们惊恐万分，宣布国家进入紧急状态。

其实，在企业的经营管理之中，斯巴达克斯应该可以给我们不少的启示。一个企业想要发展壮大，靠的是什么？是企业的每一位员工。那么，企业的员工是被奴役的奴隶还是斯巴达克斯领导的战士？这完全取决于企业的态度和行为。

首先，企业必须明确未来的发展方向，也就是所谓的愿景，使企业的愿景神圣化，并使企业的愿景转化为企业每位员工的个人发展愿景，让他们看到在企业内自身的定位，看到自身发展的希望。在企业内，每个人都有自己的发展空间，就像斯巴达克斯向往的自由那样，让员工们有着强烈的追求，这种强烈的追求将会激发员工们最大潜力，为企业创造利润，为自己提升价值，实现企业与员工的和谐发展，企业一旦进入这种良性循环，将会让所有的竞争对手感到惧怕。

其次，企业必须注重团队建设，斯巴达克斯军队的强大就强大在斯巴达克斯强大的号召力及战士们强大的凝聚力。他们可以同生死、共患难，甚至在面对十字架的时候可以义无反顾。所以，团队建设中企业的领导者就显得格外重要，好的团队并不是单单由领导者的资金、技术、专利来决定的，还必须依靠其优秀的领导力，让企业像吸铁石一样将每个员工团结起来，朝着同一个目标奋进。

虽然斯巴达克斯领导的奴隶起义最终以失败告终，但这次起义是人类历史上文明进步的象征，几千年后的我们同样可以从中汲取养分。

于行博士点拨：所有企业领袖要有塑造企业愿景的能力，把自己的劣势变成优势，把别人的优势说成劣势，这就是塑造愿景。

任何一个组织的成功，任何一个组织的强大，都始于一种信念。信就大，不信就灭，如果你不相信愿景，你就会走向自我毁灭，缺少信任感。任何企业都是非宗教式的宗教组织。相信组织，依赖组织，造就平台，成就自我。谁会跟你走到最后？谁能跟你并肩战斗最久？他就是最相信企业愿景的人！

3. 认清愿景，上下同心

任何组织都有存在的终极意义，这就是组织的宗旨；宗旨具体化之后，就成为了组织的愿景。在有了自上而下明确的宗旨和奋斗愿景后，接下来就要继续从每个成员的精神层面赋予其神圣的工作使命感。崇高的工作使命感是一种无形的力量，它将驱使着整个团队为了共同的目标和信念而努力。

组织没有伟大的愿景，就无法实现真正的卓越；工作没有了使命感，就没有了热情和积极的态度。有了坚定的愿景，团队将无往而不胜；有了工作的使命感，员工将不再仅仅为了养家糊口而上班，企业也不会为生存而挣扎。只有在愿景和使命感高度统一的企业中，所有成员才能尽最大的努力创造财富，实现人生的价值。

4. 追究责任不如解决问题

用文化保证执行力，最终的目的还是落实到执行上面，保证执行的顺利进行，在执行的过程中，难免会遇到问题，如何解决问题，才是体现文化执行力的关键。

很多团队领导都有这样的经历，当某个项目出现问题后，团队成员不是以解决问题的态度和你沟通，而是不断寻找各种借口，尽量把责任从自己身上推开。其实，对团队来说，到底是不是有特殊原因并不重要，重要的是能否尽快解决这个问题。遗憾的是，很多人并不能意识到这一点，而仍然在推诿责任上纠缠不休。

当问题出现后，人们总是习惯于先去找原因、找责任人，而忘记了先把问题解决的重要性。这是一种很普遍的工作现象。而当一个团队弥漫着这种工作态度的时候，它的战斗力也就在无形中被削弱了。

在一些公司里面，研发人员与市场人员之间总是充满不可调和的矛盾。一项产品的市场销量不佳，销售人员往往会把责任推到研发人员身上，指责他们研发的产品不适合市场需要；而研发人员也不甘示弱，指责销售人员并没有努力去推广新产品，导致了新产品的滞销。这样彼此攻击的结果是，问题没有得到解决，矛盾却在不断加深。最后即使研发人员研发出了更好的产品，销售人员也不尽心去推广，导致了整个公司的亏损。

聪明的团队领导在出现问题后，首先想到的应该是如何解决它，而不是去追究问题产生的根源。与其花费大量的时间争吵不已、相互推脱责任，还不如集中精力先将问题解决。任何事情都要分轻重缓急，管理工作更是如此。在一个团队里，大家很容易在无关紧要的事情上争论不休，这样不但无法解决问题，更是在白白浪费时间。因此，团队领导要有分辨事情轻重缓急的能力，与其把精力花费在无关紧要的事情上，不如立刻着手改正问题，以免问题扩大，徒然浪费宝贵的时间。

最好的办法当然是，在团队内部形成一种解决问题而不是纠缠责任的文化。这并不是一件困难的事，相对于其他一些强制性的管理制度，这一理念还是比较容易被员工接受的。除了一些比较固执的员工，大多数人都会喜欢这种解决问题而不是纠缠责任的态度。

尤其是对那些不断与公司外的人员打交道的团队来说，这种工作理念尤其重要。比如销售团队，他们时刻都在与客户打交道。如果不具备这种先解决问题的态度，就会在一些细枝末节的小事上与客户纠缠不休。而对客户来说，谁的责任并不重要，重要的是问题能否解决。

海尔有一条很重要的管理经验：顾客永远是对的。从现实来看，顾客当然并不完全都是对的。海尔如此做，似乎有讨好顾客之嫌。但事实上，当海尔把这个经验上升到制度层面的时候，无论是设计人员的工作效率还是营销人员的经营业绩都得到了很大提升。

根据美国学者的调查研究，在终端销售领域，一位不满意的顾客会把她的抱怨转述给 8 ~ 10 个人听，而公司如果能当场为顾客解决问题，95% 的顾客会成为回头客；如果推迟到时候解决，处理得好，将有 70% 的回头客，顾客流失率为 30%；若顾客没有得到正确的处理，将有 91% 的顾客流失率；当顾客的不满得到满意地解决时，他们一般会继续做公司的忠诚顾客，并将向朋友和同事讲述自己的抱怨怎样得到解决，但是那些被忽视的或者没得到重视的甚至得不到公正对待的顾客，可能在他们相关群体中或通过大众传媒传播自己的经验，这样给公司带来的不只是顾客一人的流失，而是相关群体甚至更大范围市场的葬送。

可见，解决问题而不是纠缠责任的工作态度，看似只是某个人的问题，实际上却关系到整个公司的发展前景。事实上，它最直接的影响是削弱了团队的工作效率，让团队无法高效地完成工作任务。

要想更好地让团队成员具有解决问题的工作态度，团队领导就需要对每个成员的责任清晰化。只有责任清晰化了，人们才无法在问题出现后互相推诿。即使确实有客观原因，由于问题终究要解决，责任人也不愿把时间浪费在“扯皮”上面。因为那样一来，损失的只能是他自己的时间，而且他的工作业绩也会受到明显的影响。

团队领导还要认识到，问题解决后，责任该追究的还是要追究。不能因为问题得到了快速有效的解决，就不再追究相关人的责任。解决问题是职责所在，追究责任是管理的原则，它们之间不能模糊。

于行博士点拨：团队成员如果都具备了解决问题而不是纠缠责任的工作态度，这个团队一定会受到所有人的欢迎。因为对团队外面的人来说，他们只关心结果而不关心谁该负责任。即使在问题解决后，有人为之被解雇，也与他们无关。

其实，即使在团队内部，大多数人也不愿在谁该负责任这个问题上纠缠不休。因为大家是一个整体，他们的业绩是以团队的形式表现出来。如果因为相互推诿责任而导致了团队业绩的下降，即使某个人业绩再好，团队工作没做好，他也难以得到嘉奖。

第三节　沟通执行力——用沟通保证执行力落地

一位著名的表演艺术家即将登场，这时他的一个弟子跑过来提醒他：老师，你的鞋带开了。大师当众感谢弟子的提醒，并蹲身系好鞋带，等到弟子离开，他又蹲身打开鞋带。旁边有人看到了这一幕，觉得奇怪，不解地问这是干什么。大师解释道：我即将扮演一个疲惫的旅者，将鞋带打开更能表现疲惫不堪的状态。至于刚才面对弟子善意的提醒，我不能打击他的积极性，所以要给他鼓励。

这个故事告诉我们：人与人之间的沟通是多么重要啊，己所不欲，勿施于人。你需要一颗同理心，换位思考、角色转换，站在对方角度考虑问题，情感上的互动让人与人之间的距离走得更近。

1. 设身处地替他人着想

美国汽车大王亨利·福特曾说：“倘若成功有任何秘诀的话，就是全面了解对方的观点，并站在他的角度和你的角度来看待某种事物。”然而在管理中，领导者脑中所想到的首先往往是“我该怎样才能说服他做这件事”，而不是“换作是我，我会怎样做”。

倘若是带着这样的思维去说服下属，往往不能达到预期的说服效果。说服策略的第一步就是要设身处地为他人着想。其实在很多时候，对方的观点之所以跟我们的观点不尽相同，甚至是很尖锐的对立，主要原因在于我们跟对方所处的立场和角度不一样，因而双方之间存在分歧是在所难免的。

正所谓“花有千种，人有百态”，对于同一件事物，你没有权利和资格要求所有人都跟你持有相同的看法，正如你也不愿被迫接受他人的观点一样。孔子所谓的“己所不欲，勿施于人”，便是这个道理。因此，在对他人进行说服或劝阻时，我们就应该学会换位思考，将心比心，推己及人，站在对方的立场和角度思考问题，这样你或许就不再执着于让他接受和认同你的观点了。

当你身边的亲人或朋友犯了错误，而自己却没有意识到的时候，倘若你立刻出言批评责备于他，恐怕也不会起到积极的作用。人们在做任何一件事情的时候都不是偶然，他的行为必然是在某种想法和观点的驱使之下实现的。因此，我们在说服或者批评对方之前，就应该先去了解和掌握对方的动机和心理，然后对其因势利导，这样的说服和批评策略往往会起到事半功倍的作用。

在长达四年的美国南北战争中，葛底斯堡之役应属最著名的一场战役了。1863 年 7 月 1 日，北方的合众国军队与南方的联盟国军队在宾夕法尼亚葛底斯堡地区展开了内战中最血腥的战斗，这场战斗整整持续了三天三夜，到了 7 月 4 日夜晚，南方的联盟国军队开始向南方撤离。那天夜晚，乌云密布，随即暴雨倾盆而至。

当时联盟国军事统帅李将军，带着他的残兵剩卒逃到了波托马克河边，前方水流上涨，军队根本无法渡河，而后方是乘胜追击的北方政府军队，此时南方军队陷入了进退维谷的困境之中。林肯总统知道这是取得战争胜利的绝佳良机，只要将李将军的军队打垮了，战争很快就能换来和平。

于是林肯立即给北方军队的统帅米德将军发了一封电报，命令他直接攻打南方军队，不必再召开“紧急军事会议”。然而，米德将军却没有听从总统的命令，而是先行召开了会议，利用各种借口故意拖延时机，最后，河水退去，南方军队顺利越过波托马克河，逃回了南方。

林肯听说了这一消息怒不可遏，他对米德将军感到万分地失望，于是他坐下来写了一封言辞激烈的长信，在信中对米德将军大加指责，发泄自己内心的愤怒。当他写完正要寄出之时，忽然脑中一闪，心想："慢着，也许我的做法有些不妥。我每日坐在总统府里发号施令，当然体会不到在前线浴血奋战的将士们的劳顿困乏。"

"如果我是米德将军，可能我也会做出同样的决定吧！既然如今已成定局，即使将信寄出去也于事无补。若是米德看到这封责备他的信，肯定会极力为自己辩解，这样就会闹得大家都不愉快，甚至还会伤害到他的自尊。"想到此处，林肯就将那封信烧掉了。

哲学家说，这个世界上没有两条相同的河流，也找不出两片相同的树叶，那就更不用说人了。所以，当你在说服、责备、劝谏对方时，不要一上来就否定对方，以权威和命令的语气对他说服，这样只会增强对方的逆反心理，对你的说服产生排斥和不满。

于行博士点拨：在工作中，你若总是以领导者的姿态要求下属去做事，对方即使遵从你的意志去履行工作职责，但他在心里还是没有心悦诚服地接纳你的想法，而且会对你产生抱怨的情绪，若是抱着糟糕的情绪工作，不管对于他，还是对于你，都不会是好事。

2. 让对方心悦诚服地说"是"

提到苏格拉底这个人物，大家都不会觉得陌生，他是古希腊著名的思想家、教育家和哲学家。他有一套非常高明的说服本领，后人称之为"苏格拉底辩论法"，被后世公认为是"最聪明的劝诱法"。运用这种辩论法，不管你提出怎样的问题，都能得到对方的认同和支持，即使最初对方持有跟你完全对立的观点，他最终也会在不经意间背弃原有的观点，转而认同和接受你的观点。

执行落地

苏格拉底辩论法，通常是采取问答的形式说服对方，因而又被称为“苏格拉底问答法”，其原理就是，当你在跟对方辩论或者在试图说服对方时，先不要讨论和强调自己的观点，而是先找出彼此共同的观点，等到双方在某一点上达成共识之后，再巧妙地引入自己的主张和想法。“苏格拉底问答法”很重要的一个原则就是，在你提问的所有问题当中，都要让对方说“是”，一定要避免他做出否定的答复。

相信大家都看过《聪明的一休》这部动画片。有一次，大将军足利义满得到了一只十分精致的龙目茶碗，他小心翼翼地将茶碗暂放到安国寺，却不想被一休不慎打碎了。过了几天，足利义满来到安国寺来取茶碗，寺中僧人都大惊失色，慌张地像一群无头苍蝇似的。

一休不紧不慢地说：“大家不必惊慌，我去见足利义满将军就是，我来跟他说!”

一休对足利义满问道：“将军，世间万物，都是有一定寿限的，最终都要死去，您说是吗?”

“是的。”足利义满答道。

“世间一切有形体的东西，最终也都会消失的，您说是吗?”

“是的。”足利义满点了点头。

然后，一休做出一副很无辜的表情，耸了耸肩，双手一摆，对足利义满说：“大人，您心爱的那只茶碗被我不小心打碎了，这是我们都无法阻止的事情，我想您一定会原谅我的。您说是吗?”

足利义满毫不犹豫地回答道：“是的。”果然，足利义满没有继续追究一休的过失，一休就是运用了“苏格拉底问答法”躲过这道难关的。在两人的对话中，一休所提出的前两个问题，都是足利义满所赞同的。一休就在巧妙机智的发问中，诱使对方一直说“是”，最终使足利义满将军陷入了自我否定的结论当中。

当对方在观点上跟你产生分歧和对立时，你若是一味强硬地向他灌输你的思想，则是愚蠢的行为，因为这样不但不利于对方认同你的观点，反而会使其更加固守自己的观点。因此在这时，你就需要以循循善诱的方式，鼓励他一直做出肯定的答案，在心理上对你的抵触情绪逐渐缓和，转入正题，让对方最终接受你的说服。

琳达是一家银行的出纳员。有一天，一位客户走进银行，表示要开一个账户，琳达拿出一张表格要求他填写自己的一些信息，但是那位客户对于表格中的一些问题似乎不愿意回答，所以他的信息没有填完整。银行规定：倘若客户不能提供完整资料的话，银行拒绝为客户开户。

然而，琳达并没有将公司的规定搬出来，而是以友善的态度跟他交谈，试图说服他将资料填写完整。琳达对那位客户说："先生，您将您的财产存入我们的银行里，这是我们的荣幸。只是我非常冒昧地问您一个问题，倘若有一天您不在了，您希望怎样去处理您的财产呢？我想，您一定会转给您的亲人。"

"当然。"客户回答说。

"可是，如果你没有将你家人的资料填写在这张表格中，我们在不知道您家人信息的情况下，怎么可能将财产转给他们呢？我想，您也不想让自己的积蓄消失得无影无踪吧？"

"是的。"于是，那位客户接受了琳达的建议，将表格中的所有信息都填写完整。琳达建议他开通一个信托账户，他也很高兴地接受了，并将受益人指定为她的母亲。

可见，琳达运用"苏格拉底问答法"的说服策略，并最终说服了客户，避免了双方发生无谓的争执。"苏格拉底辩论法"之所以被认为是"世界上最聪明的劝诱法"，就在于说服者在进行说服的过程中，很巧妙地设下"陷阱"，先提出一些看似与双方所争论的核心不太相关的问题，诱使对方一直说"是"，在逐渐卸去对方抵触心理的同时，让对方在不知不觉中坠入"圈套"，就像温水煮青蛙一样，最终迫使对方接受和认同你的观点。

在运用"苏格拉底问答法"的说服策略时，一定要注意：在谈话之初，先不要去触碰双方有争议的观点，而是要摸清对方的思维方向，强调彼此都赞同的话题，等到双方都取得一致以后，再从对方的角度提出争论的分歧点，诱导对方承认你的立场，赞同你的观点，让对方对你的提问一直作出肯定答复。

因此，当对方在回答你的问题时，倘若一开始就做出肯定答复，会使他在心理上就会一直趋向于作肯定回答。这时他的肌肉和神经都会呈现出放松状态，在这种情绪放松的精神状态下跟你交谈，即使双方存在一些争议和分歧，也能保持谈话气氛的和谐。而与之相对的，倘若对方一开始就说“不”，就会导致他全身组织处于紧张状态，对你产生警惕和抵触的情绪，因而在这样的心理状态下，不管你提出怎样的观点，都有可能遭到对方的拒绝。

于行博士点拨：正如美国一位心理学家所说：“一个人倘若作出‘不’的反应，那将是你们之间沟通的最大障碍。当他说‘不’时，他的自尊心和虚荣心会驱使他一直坚持到底地固执己见下去。也许他会在内心深处认错，然而他绝不会当着你的面做任何改变，他只能一味地拘泥固执下去。因此，当我们要说服一个人时，开头就要让他说‘是’，一定要尽量避免对方说‘不’。”

3. 理解沟通就是以心换心

从古至今，将领在用兵作战时与将士的沟通都非常重要，蒙哥马利有着西方职业军人一贯的作风：严厉治军、独断专行。但他又有细致的心性，善于体恤下属，在生活细节上，同下属有着共同的志趣，以此获取下属的尊重和信任。

全球第一 CEO 杰克・韦尔奇说：“把每一次与下属的邂逅当做绝佳的辅导机会！”领导者有了关心下属的“心”，必然也会让自己的下属有团结队伍、精诚合作的“情”。“以心换心”，真正去关心员工、爱护员工。只有关心下属，赢得下属的忠诚，你才能打造出一支战斗力超强的团队。

战国时代的政治家、军事家吴起，向来以爱兵如子闻名于世。公元前 412 年，齐国举兵鲁国，鲁国大夫仪修向鲁穆公推荐，用吴起为将，率兵两万，以据齐师。吴起受命之后，决心大败齐国，以扬名于世。他为了激励部队的士气，誓与士卒共甘苦。行军、宿营，他同士卒一起吃饭，一起睡觉，“卧不设席，行不骑乘”；见士卒扛着粮食很沉重，他便去帮助扛；有的士兵作战负了伤，伤口化了脓，他亲自为其排脓上药。

吴起为士卒排脓上药的事，《史记》中就有详细的记载。说的是有一位士卒的母亲，听说吴将军为她的儿子吸脓，就大哭起来。有人问她："你儿子是无名小卒，吴将军为你儿子吸脓，你不感到幸运，为何痛哭流涕呢?"这位母亲一针见血地说："往年吴将军为孩子的父亲吸脓，他父亲英勇地战死在战场上，今日将军又为孩子吸脓，岂不是又要战死了吗!"

将领与将士沟通的方法无外乎爱兵和励士。爱兵与励士之法，可谓多种途径，多种方法，如平时的训练生活，战时的宣传鼓动，以及论功行赏和违纪处罚等。然而，就上下级、将军与士兵来说，最好的方法莫如爱抚和教戒。

子行博士点拨：沟通不畅三大原因：编码不到位、情绪失控、缺乏反馈。每月与员工一起用餐、每月与至少十个伙伴做情感沟通、允许员工越级申诉、每月召开员工意见反馈大会、设立公开论坛。

第四章　执行落地的八大步骤

第一节　明确执行人

明确执行人的目的是锁定责任和选好带头人，只有将责任落实到具体的人，才会有人真正担负起责任来。比如海尔冰箱，把责任落实到人，把冰箱生产全过程细分为156道工序、545项责任，并将其落实到具体人，实现人人都管事，事事有人管。

每人每天每一项工作，大到机器设备，小到一块玻璃，都清楚表明事件的责任人和事件检查的监督人，有详细的工作内容及考核标准，形成了环环相扣的责任链，做到了奖有理，罚有据。

1．让责任始终在执行人肩上

落地执行指导我们：要把责任的重心下移，把权力重心下移，把责任和结果的收益对应起来，建立一对一责任。

落地执行提醒我们，要尽量把所有的责任体系与结果的收益体系对应起来。如果所有的公司把责任的中心下移，把权力的重心下移，那么我们就实现了两个非常伟大的壮举，一个是自主管理，一个是民主管理，或叫分权系统、参与系统。

企业管理的中心在基层，中心不在权力，而在每一个人。最高层之所以有权力，是因为他们被授权，基层的每一个人都有一些弱点，他们需要授权给更高的管理者让他代表大家的利益对大家进行管理。日结果、周计划等，所有的事情都是在讲责任的下移。

我们要让公司管理的中心变成每一个人，而不是最高管理者。要求每一个人都建立起责任感，责任的核心在于结果和当事人责任之间的一对一关系。一对多造成模糊，所以就没有了责任，只有清楚的一对一，才会有真正的责任。

管理者一个很重要的职能，在于下属提任何建议的时候把建议都干掉，让他一对一责任。最好的办法就是让下属自己给自己提建议，因为这个事情的责任人是他自己。当我们把一个事情的最高决策者当成自我之后，他所有的建议就只能提给自己。

一定要做到这点，为什么我们无数的员工会找无数的借口？那是因为责任人是你，所以他找借口的目的是把责任明确到你，他会说："事前我就告诉你了，这个责任不在我而在你。"所以借口的潜台词是责任的转移。

没有一对一的责任，就是没有责任：

如果你在路上被追杀，你大喊"救命、救命"但是没有人会帮你，因为没有人对"救你"这件事情负责，没有一对一责任，就没有人负责。如果你拉着一个人的手喊救命，他一定会帮助你，因为如果他不帮助你，你挣扎的面庞将会成为他一辈子挥之不去的阴影。一对一责任建立了人与事之间的一对一关系，清楚而明确，并以此公开承诺，这样才可以保证最后结果的实现。

责任使人进步，为什么当领导的没有时间，而当下属的又没有工作？执行要有结果，没有任何借口；凡是计划一定要有结果，哪怕是阶段性的结果，责任就像猴子一样，不能让它在员工之间跳来跳去。

你的责任是什么？是上级界定的，因此你要与上级沟通明确你的责任。下级的责任是什么？是你界定的，因此你要与下级沟通这个职责的意义。

2. 没有理解就没有真正的执行

简单地说，执行力对个人而言，就是把想干的事干成功的能力；对团队而言，就是将团队的长期目标一步一个脚印实现的能力；而对企业而言，就是将企业的长期战略一步步落到实处的能力。

在一定程度上可以说，团队战斗力的最终体现是有效战斗力，也就是结果。

而如何在过程中判断一个团队是否具备战斗力，其参考标准就是执行力。

那么，一个团队要想具备执行力，首先的要求是什么？答案是“理解”。也就是说，在任何一个团队里面，没有理解就不可能产生真正的执行。

我们用一个游戏案例来证明理解对执行的重要性：

在一个培训现场，主持人请大家每个人双手拿一张白纸，闭上双眼，听他讲两句话，按这两句话做。在整个过程中请不要讲话。

第一句话：请将手中的白纸对折一遍，并在其左下角撕去一个半径为1厘米的1/4圆；

第二句话：请将手中的白纸再对折一遍，并在其右上角，撕去一个边长为1厘米的正方形。

做完之后，主持人请大家睁开眼，打开手中的白纸，互相对照一下，看看是否一样。

结果是五花八门，出现了各种各样的图形。

为什么会出现这样的结果？原因有三个，一是主持人讲得不够清晰，无法让台下的人完全理解他的意图；二是主持人不允许大家讲话，这就剥夺了大家沟通的权利；三是台下的人过于顺从于主持人的权威，不愿打破规则去弄清楚一个本来就是非常模糊的命令。

这三条原因导致的最大结果就是“理解不足”，没人敢保证自己做出来的东西就是主持人想要的结果。

这种现象在团队工作中并不少见。一些团队领导在布置完工作后，最后却发现手下交上来的工作与他的期望差异很大，甚至截然相反。这时候，我们最常听到的一句话就是“你到底领没领会我的意图?”

贸然把责任推到团队成员身上是错误的。因为在很多时候，虽然结果是团队成员做得不到位，但原因却出在领导身上。如果团队领导不是用模糊的、笼统的语言去安排工作，而是用具体的、量化的语言去安排工作，团队成员就能够更好地理解领导的意图，更好地完成工作。

一些人在谈对执行力的认识的时候，出于某些私心，不顾现实的情况大谈特谈“没有任何借口”，这虽然符合了某些企业老板的胃口，但对企业的实际工作却不一定能带来好处。

要知道，企业不是军队，企业更多的工作是需要沟通而不是命令强制，“没有任何借口”虽然能打造一支执行力很强的队伍，但这支队伍的凝聚力是不是很强，就不好说了。因为从最不好的一面来看，“没有任何借口”这种理念，实际上是在宣扬上司的权威不可挑战，而下属的尊严得不到重视。怀疑是人的天性，而“没有任何借口”却扼杀了人的这种天性。在这样的一种精神氛围下，即使大家表面上什么都严格执行了，但内心是不是认同公司的文化，仍然是个未知数。一旦公司出现了经营危机，这支队伍还能不能在“没有任何借口”的口号下严格执行上司的命令，谁都不敢保证。

皇明太阳能集团董事长黄鸣在他的《什么样的人企业坚决不能用》一文中说：

“执行是一种没有任何借口的行为，理解了要执行，不理解也要执行，没有什么理解与不理解，公司的命令都要执行，按着字面的意思执行，这是一种文化，铁的纪律，如果不执行的，不想去理解的，这个人职业道德有问题，命令什么内容都听不清，谈何敬业？

“有人在听指令的时候‘选择性吸收’。他们是怎么选择的？他们选择适合于自己主观意愿的，顺着坡往下滑，这种是潜意识，我愿意的我执行我不愿意的我不执行，就是这么回事，我重视的就执行不重视的就不执行，不重视就是罪，不理解也是罪，都是不允许的。”

如果所有的公司老板或者团队领导都这么理解“执行”和“没有任何借口”之间的关系，怕是麻烦就大了。如果说“理解了要执行”这句话还能让人们认同，那么“不理解也要执行”这句话就有点让人郁闷了。

既然是不理解，又如何去执行？难道真的要“按着字面的意思执行”？假如字面的意思也是含混不清的呢？就如同本节开头所讲的案例，主持人的字面意思也是含混不清的，我们还要不要执行？

任何一家企业中的领导，不管是老板还是其他中高层管理人员，都应该首先弄明白的是：我们为什么要执行？

我认为，我们不是为了执行而执行，我们是为了实现某一目标而执行！没有人敢否认，虽然企业内部有管理层和普通员工的区别，但员工却并不一定就比上司笨。除了个别员工，大多数人都能认识到执行力的重要性。问题是，在“不理解”的情况下去执行，我们能得到什么？如果运气好的话，也许员工能够“瞎猫碰上死耗子”，恰恰执行到位，但这种情况显然不具有普遍性。所以，“不理解也要执行”，除了能够证明上司的权威性，我实在不知道还能得到什么！

所以我认为，一定要有理解，然后才能有良好的执行。员工不是机器，他会在工作中遇到许多突发事件，如果没有真正的理解，他是无法在执行的过程中应对这些突发问题的。

当然，对于某些特殊情况，比如员工虽然无法理解某项工作的深层含义，但却明确地知道自己应该做什么，这个时候强调没有任何借口的执行是可以理解的。

总体来说，不理解也要执行应该分两种情况来分析对待：

不理解的是某项工作的意义。比如说某个销售人员卖出了一台机器，结果购买者反悔了，要把机器退回，去买另一个品牌的机器。这个时候销售人员出于对自身利益的考虑，通常不会乐意对方退回机器。而公司领导从更大的角度来看这个问题，认为应该接受客户退回机器的要求，这样虽然少卖了一台机器，但却提升了公司的服务品牌。

在这种情况下，销售人员就应该“没有任何借口”地去执行总部的命令，虽然他意识不到这一行为的意义，但他能清楚地知道公司总部要求他做什么。如果公司的员工在清楚地知道自己应该怎么做的时候不去执行，公司的执行力才是真正出了问题。

不理解的是具体的工作行为。这就是我们上面所说的上司交代不清，下属无法执行，或者即使执行也无法达到要求的情况。

这种情况也应该分两方面来看，一方面是上司交代不清，而又不允许下属询问，这时候所有的责任都出在上司的身上，下属实际上无法执行。

另一方面则是上司由于某些原因没能把工作交代清楚，下属有足够的时间去找上司沟通但却没有这样做，这时候问题就出在员工身上——他缺少沟通能力。对待这样的员工，要么及时跟他沟通，告诉他不清楚的地方可以及时来问；要么就把他开除掉，另换新人。因为一个不懂得沟通，不敢主动跟上司沟通的员工，是没有勇气独立面对一项工作的。

3. 执行与行动

东北有家大型国有企业因为经营不善而破产，后来被日本一家财团收购。厂里的人都在翘首盼望日本人能带来什么先进的管理方法。出乎意料的是，日本只派了几个人来，除了财务、管理、技术等要害部门的高级管理人员换成了日本人外其他的根本没动。制度没变，人没变，机器设备没变。日方就一个要求：把先前制定的制度坚定不移地执行下去。结果怎么样？不到一年，企业就扭亏为盈了。

这就是执行力的作用。大多数的企业都不缺少规章制度，但是大多数企业都缺少自上而下坚持统一的执行力，这是一种普遍现象。

还有一个值得注意的现象是，一谈到执行力，仿佛都是企业内部的管理层在谈，似乎执行力是专门针对普通员工提出来的，所有的管理层都天然地具备了执行力，不需要再对他们谈执行力的问题。

这是一个严重的误区。虽然说执行力不强最终是在员工的身上体现，但要追究责任，最终却要追究到领导的身上。因为团队领导是不是具备了执行力，是不是以身作则把某项工作坚持下去，会直接影响到团队成员执行力的表现。一定程度上可以说，在一个企业内部，高层有高层的执行力，中层有中层的执行力，基层有基层的执行力。

对于基层来说，其实最需要的是行动力，而行动力强调的，恰恰就是立即行动，立即执行，并且坚持不懈。在本节开头提到的那家国有企业，规章制度一应俱全，但是由于缺少了行动，缺少坚持，最终导致所有的规章制度都成了一纸空文，其外在的表现也就是缺乏我们所说的执行力。

张瑞敏对执行与行动之间的关系看得很透彻，从他到海尔后制定的一系列制度可以看出，他制定的新制度都具备极强的可执行性，每一个人都可以通过坚定不移的行动去执行这些制度。

1984 年，在张瑞敏刚到海尔（那时还叫电子设备厂）的时候，看到的是一个濒临倒闭的小厂：员工领不到工资，在厂区打架骂人、随便偷盗公司财产、在车间随地大小便等现象比比皆是，该厂一年换了四任厂长。

张瑞敏首先以个人的人格担保，从朋友那里借了几万元钱，为每一个员工发了两个月的工资，此举令所有员工深感意外。接着，他召开了员工代表大会："借钱总要还，只能靠自己挣！怎么挣钱，生产销售什么，这是我的责任。但是，一旦决策，能否生产出合格的产品并销售出去，就要靠全体员工。"

但他表示担心："按照目前的情况，打架骂人，这种状况能经得起客户的考察吗？我们能否文明一点，至少在厂区不再打人骂人？"有的职工代表表态说："一定相互监督，不再打人骂人。"于是出台了第一条制度"不准打人骂人，否则罚款××元"。

张瑞敏接着说："我们能不能不要随便把厂里的东西拿家去？"工人们同意，于是形成了第二条制度"不准哄抢公司财物，否则，罚款××元"。张瑞敏再接再厉："我们能不能不要在车间大小便？"这时职工代表很激动："这一条做不到，我们还是人吗！"于是定出了第三条"不准在车间大小便，否则罚款××元"……

张瑞敏一口气制定了13条管理条例，每一条都紧挨员工的道德底线，让员工感觉不该违背。因此，制度本身有极强的可执行性。此外，张瑞敏没有让制度停留在这13条上，而是抓住每一个违反制度的典型行为，发动大家讨论，上升到理念层次，再以这种理念为依据，制定更加严格的制度。

这样，每执行一次制度，就沉淀一个理念，以理念为依据，再制定更多的制度。结果是，制度越来越健全，文化越积越厚重，思想越来越统一。最终形成了"制度与文化有机结合"的海尔模式。

可见，执行的前提一定是你的制度是否符合人性，是否符合企业和员工的共同利益。如果出台的制度只考虑了公司的利益，而忽视了员工的利益，在这种情况下要求员工毫无疑义的去执行，显然也是不现实的。

对于中层干部来说，计划是执行的开端。有很多干部兢兢业业埋头苦干，忙得团团转，结果却不尽如人意。中层干部做事要有计划，不能业务一忙就急着增加人手——多加人手，不仅仅是多支出一份工资，还要多一个办公位置、多一部电话、多一份餐点……更重要的是可能还会多一份矛盾。所以，中层干部的执行力必须要用到点上，不能随意安排。

那么，高层领导应该履行什么样的职责呢?

高层要做张瑞敏做的事情，张瑞敏做的最重要的事情就是创造了海尔文化。社会在发生改变，人的价值观也发生了深刻的变化，我们人人都追求财富，要打造执行力，就要创造执行环境。

第二节　明确使命

明确为什么而战?为使命、荣誉、回忆、体验而战，既要统一目标，还要统一路线。

如果你郑重其事地告诉一个团队领导，团队的目标一定要统一，估计他会对你不屑一顾。这么浅显的道理，恐怕没人不知道。可是，知道归知道，能不能做到，却是另外一回事。

团队要想建立一个共同的目标，是比较容易的。既然大家走到了一起，自然是为了共同的目的而来。问题就在于，共同的目标建立后，大家却不一定能够统一“路线”。虽然条条道路通罗马，但是罗马只有一个，道路却有很多条。大家能不能选择同一条通往“罗马”的路径，还是个未知数。

路线是什么?具体到工作里面，路线就是工作方法，就是工作的方案选择。一般来说，要想完成一个项目，会有很多方案可以选择。由于每个成员的工作经验和视野不同，他们在共同的目标下，所选择的有效方案就不一定相同。

有很多的创业团队在成立之初，无比团结，战斗力特别强。可是一旦企业做大了，他们就会产生分歧，严重的甚至会导致团队的破裂。那么，是什么导致了这种现象的发生?

对于大多数团队来说，目标是不会轻易改变的，但随着工作的进展，他们选择达到目标的路径却会有所改变。也就是说，他们选择达到目标的路线有了分歧。这种现象表现在企业的高层团队里面，往往就是战略的分歧。虽然大家都想把企业做大，目标仍然是统一的，但当发展战略发生了分歧的时候，这个统一的目标实际上是很难实现的。

例如曾经一度引起人们猜测不已的“柳倪之争”，柳传志和倪光南在一开始显然并没有目标的分歧，他们的目标是统一的，这就是都希望把联想做大做强。导致他们产生分歧直至最后决裂的，是他们在路线选择上的不同。倪光南希望联想走“技工贸”的道路，而柳传志则希望联想走“贸工技”的道路。正是这种在路线选择上的差异，才导致了最后两个人之间的权力斗争。

一般来说，当一个团队的内部成员之间出现了路线分歧的时候，必将以一方妥协或出局为结果。

“万通六兄弟”分手后，潘石屹谈起他当初和冯仑分手的原因时说：“我们的分离不是在经济利益上有争执，主要是在思想上。我是一个保守派，冯仑是一个改革派，他想在各行各业发展，想在全国各地发展，而我就想在北京做房地产。”

很显然，这仍然是一种战略的分歧，路线的斗争。分析那些曾经辉煌过，后来则破裂了的团队就会发现，真正因为权力斗争而分手的不多，大多数都是因为战略分歧而选择了分手。被称为电子商务赢利大师的陈丕宏在这方面也有过亲身体会：

陈丕宏在1993年创办宏道时，主要是开发互动式软件。他们一开始先设定以宽频电视为发展平台，并和香港电讯合作开发互动电视。但陈丕宏很快发现互联网里蕴藏着巨大商机，他预言，在电子商务网站热火之后，将会是电子商务系统的天下，但那是在1994年，当时的背景下，这个预言还是存在很大风险的。由于不相信网络会商业化，当时与陈丕宏一起创业的三位副总裁反对陈丕宏的决定，使他的计划难以顺利实施，并造成很大的危机。在做了几个月的沟通努力之后，陈丕宏不得不忍痛割爱，将三位副总裁统统裁掉。

据《新浪潮》与专业咨询公司的调查结果显示，创业伙伴分手的原因中有65.4%的人是因为对企业经营管理的理念不统一。

一个优秀的团队领导不仅仅应该统一团队的目标，还应该统一团队的路线，做不到这一点，这个团队领导就是不称职的。

显然，对大多数团队来说，因为路线的不统一就开除异议者，这种做法并不现实。原因有两个：

第一，在很多团队里面，团队领导的上头还有很多“领导”，有这么多“领导”看着，团队领导不一定有裁人的权力。

第二，团队在组建的时候，往往在成员的数量方面做过规划，基本上都是严格地按照一个职位一个人来组建的。这样做的好处显而易见：既不会出现人多职位少，人浮于事的现象；也不会因为人力不够而拖延工作的进度。如此一来，如果随意裁减人员，势必又将影响团队工作的进度，这显然是团队领导不愿看到的结果。

既不能随意裁人，又存在着统一目标下的路线分歧，团队领导唯一能做的就是沟通了。这是必须要做的工作，因为一旦某一成员对所选择的方案有意见，他就会产生抵触心理，甚至会抱着幸灾乐祸的心态故意不把自己的工作做好，通过拖团队的后腿证明自己方案的正确性。

这种时候，团队领导不妨把各种不同的方案摆出来，让大家互相讨论每一个方案的优势和缺陷，最后选定一个最优的方案。只有用事实打动对方，用理论说服对方，才能让意见分歧者在内心真正接受你的方案。

在一个团队里面，路线能否统一，直接影响到团队的工作效率。因此，团队领导就需要有意识地去关注这一点，并努力保证所有人都走在同一条路线上。

1. 蜕变：勇于改造团队

战争需要的是完美执行任务的将军和士兵，当发现团队存在的问题时，要勇于解决问题。也许在改革中会受到许多阻力，比如下级会对你的方案提出质疑，或许方案的事实并没有短时间见效，但是都不应该阻挠你的改革措施。一个领导者应该勇于将团队向着高效团队改革。

另外要做到发现问题的同时立即解决问题，不要拖延时间。在管理学中有一个“秃头论证”理论在这里说明问题很恰当。

众所周知，掉一根头发不会成为秃头，掉两根头发也不会成为秃头，即使掉一百根头发也不是秃头。可是我们并不可以就此安心，真正的秃头是一个人一早醒来发现自己的头发竟然全部没了。

由此可见，当领导者发现问题却没有及时解决的时候，一个集体的优秀品质便会不知不觉地丧失，当你意识到问题的严重性时，问题已经到了不可解决的地步了。而且事实上，及时解决问题也是高效执行力的一种体现。

2. 组织：建立核心团队

所谓的核心团队，也就是一个团队的领导班子。那么相对来看，班级的核心团队也就是班委队伍，它是整个执行过程的第一层，上对最高领导负责，下领各位成员，因此其在执行事务上显得尤其重要。一个团队的核心部分主要可分为4类人。

第一，有能力、态度好的人（类似唐僧）：这群人往往是优秀的领袖，管理这类人才，主张放心地将决策权交给他，让他靠自己的判断执行与决策。

第二，有能力、态度差的人（类似孙悟空）：管理这类人，主张采用“一起商量，你来决定”的方法，在他决策前要求他与自己进行沟通。

第三，没能力、态度好的人（类似沙和尚）：对于此类人，可以采用“一起商量，我来决定”的方法，自己掌握决策权，在决策之前也和他们商量。

第四，没能力、态度差的人（类似猪八戒）：这类人，作为领导者也不可以完全否定与放弃，掌握决策权的同时，交给他们一定的任务，让他们成为你布置任务的执行者。

作为领导者也要明白，不可以放弃团队中的任何一个人，因为每一个人都是执行环节的一部分，缺一不可。著名的“木桶原理”告诉我们，桶盛水的多少不在于最长的木条有多长，而在于最短的木条有多短。

3. 统一：制定并遵守统一规范

很多人都会感叹德国公司执行力强，这显然是与德国人的严谨与健全的法律分不开的。在这方面应该学习德国人在遵守规定上一丝不苟的态度。

许多集体都会制定规则来提高团队的执行力，同时约束、惩罚那些低执行力的行为。但是作为领导者，在执行规则的时候，一定要注意公正。一不能因为犯错的人与自己的私交好而宽恕他；二不能随便“变通”，不遵守规则。

卡耐基有句名言：“对于一个上班迟到的人来说，你如果不惩处他，那么工厂里其他所有人也就都有了迟到的理由。”我认为非常正确。一旦有一次例外发生，便会有接二连三的例外，于是例外就会成为惯例，团队也就丧失了执行力。

只有一个拥有高效执行力的集体才会有机会成为一个优秀团队，只有一个注重培养团队执行力的领导者，才是一个优秀的领导者。

4. 授权：发动群众的力量

管理有四个层面：自己思考，自己做事情；自己思考，叫下属做事情；自己思考，教下属做事情；让下属思考，再让下属做事情。

人们只会为他自己说的话全力以赴，管理就是通过他人完成目标，所以凡是不懂得授权就是不懂管理的表现。优秀领导自己睡觉，下属忙得睡不着觉，平庸领导自己忙得睡不着觉，下属呼呼大睡。总结：授权就像放风筝，能力强多放放，能力弱收一收。

第三节　明确执行成果

1. 服从法则：以服从为天职

如果你不明白，那么就只记住一句话即可，这句话就是：“保证完成任务。”企业的利益高于一切！请记住：你只不过是个普通人罢了，别把自己当成救世主，离开公司你就什么都不是。

“保证完成任务”是军令状，就是不惜一切代价获得想要的结果，这是任何企业谋求发展的强大执行力。

1998 年 8 月，四川贡嘎山的一家用户想要购买一批变频空调，当他拨通海尔营销中心的电话后，得到承诺“没问题，明天一定送货到位”。有送货员提出疑问说：“天气预报说，明天肯定有暴雨……”配送部负责人回答道：“就是下刀子也要想办法送货安装!”

第二天，果然下起暴雨，贡嘎山的山洪飞一般地倾泻下来，即便是柏油马路也有近膝深的雨水。“就是背，也要把这批空调背到用户家!”海尔配送部负责人身先士卒，带领着一干配送员，租来自行车，仔细把空调捆绑好，确保不会湿水后，一起把空调送到了20里外的用户家。

在商业竞争中，一次完不成任务固然不足以导致企业关门，但是从精神层面，每次任务失败所带来的损失和伤害都是巨大的。只有“保证完成任务”的团队才是最优秀的，海尔人就是用“订单就是命令单，必须保证完成任务”的意识，使海尔产品在国内外市场中不断攻城略地。

服从命令就是执行。没有执行，一切战略只不过是纸上谈兵。对于一个团队来说，只有团队成员绝对服从与执行，才能把一切资源、力量整合起来，才能把战略变成现实。因此在团队中，服从与执行才是最重要的。

大到一个国家，小到一家企业、部门，其成败很大程度上取决于是否完美贯彻服从的观念。这就是为什么西点军校培养的CEO比哈佛还要多，为什么海尔、联想、华为、万科等中国最著名企业的老总都是军人出身，为什么军人能在商界创造出如此多的神话的根本原因。

服从命令是执行的保障，假如员工不能执行好公司策略，又如何能创造卓越的业绩呢？如何让公司的目标实现呢？杰克·韦尔奇说：“战略不过是一张纸而已。如果没有出色的执行，战略是没有用的。”

华为老总任正非一直很重视培养员工的“服从”意识。有一次，华为在深圳体育馆召开一个6000人参加的大会，要求保持会场安静和整洁。整整4个小时中，没有响一声手机。散会后，会场地上没有留下一片垃圾。

联想每年都要举办全国性的市场活动，每次都是几百个城市同时举行，足见其巨大的运作和控制能力。但就是以强大的执行力著称的联想，同样面对过执行不力的困惑。

联想在1999年进行ERP改造时，业务部门不积极执行，使流程设计的优化根本无法深入。因此，在联想ERP的“遵义会议”上，面对联想所有的高层职员、各子公司的总经理，柳传志雷霆震怒道：“（ERP）必须做好，做不成，我会受很大影响，但我会把李勤（副总裁）给干掉!”李勤当即站起来表态说：“做不好，我下台，不过下台前我先要把杨元庆和郭为干掉!”

这次会议后，杨元庆、郭为责无旁贷地在子公司推进 ERP，各个子公司都成立了 ERP 领导小组。ERP 由此进入快速通道，项目实施的五阶段——范围评估、目标确认、流程重设计、系统配置、测试交付，一关接一关地突破。在联想人的智慧指引下，联想 ERP 长龙各归其位。1999 年 12 月，是联想有史以来业务的最高峰，仅北京的营业额就达 19 亿元。2000 年年初，王晓岩完成了联想的 ERP 改革。

从联想的 ERP 改革可以看出，服从正是不折不扣执行的起点。中层干部在企业里让员工树立起服从的观念，也是在企业里构建“执行”的起点。

2. 目标法则：盯准一只野兔

设定一个目标并不难，而一直坚持下去使自己设定的目标不动摇，不受其他因素干扰却是不容易做到的。

成功人士都有一种能力，他们能在相同的时间里，完成比别人更多的工作，因为他们有着明确的目标、清楚的计划、安排有序的日程，也就是遵从了“目标越清楚，成效越显著”这一法则，这使他们可以持续不断地对时间进行最有价值的利用。

3. 冠军法则：做自己擅长的

成功者心中都有一把丈量自己的尺子，知道自己该干什么，不该干什么。比尔・盖茨说过一句话：“做自己最擅长的事。”

微软公司创立时只有比尔・盖茨和艾伦两个人，他们最大的长处是编程技术和法律经验。他俩以此成功地奠定了自己在这个产业的坚实基础。在以后的 20 多年里，他们一直不改初衷，“顽固”地在软件领域耕耘，任凭信息产业和经济环境风云变幻，从来没有考虑过涉足其他经营领域。因此他们才有了今天这样的成就。

4. 速度法则：先开枪再瞄准

当今社会不是大鱼吃小鱼，而是快鱼吃慢鱼，谁快谁就赢。谁先抢占商机、抢占市场，谁就是市场的领导者。

中国的温州、义乌就是典型的例子。当大家都沉迷于过去的思维里，敢为人先的温州人、义乌人就率先从事经商和生产加工业务。

温州人、义乌人始终坚持自己的理念：先把事情做起来，再追求完美。如今浙江许多知名的品牌都走向了世界。如今的义乌已是全世界最大的小商品市场，义乌生产的小商品远销全世界。先开枪再瞄准，但速度更为重要！

5. 团队法则：利他就是利己

任何一个公司，如果其中每一个人都能把精力百分之百地用在工作上，而不把它分散在相互倾轧和彼此对立、互相掣肘上，这个公司的工作效率一定很高。而且，大家精神一定愉快，意志一定集中。即使物质条件差一点，成绩也不会因此降低。

现代年轻人在职场中普遍表现出的自负和自傲，使他们在融入工作环境方面显得缓慢和困难。他们缺乏团队合作精神，项目都是自己做，不愿和同事一起想办法，每个人都会做出不同的结果，最后对公司一点儿用也没有。

6. 裸奔法则：没有退路就是出路

“没有退路”于我们而言虽然很残忍却又很现实，它真实地告诫你，凡事只能靠自己，不要指望什么外援内助，要以一种前所未有的积极进取的精神来跟身上隐形的惰性较量。

“没有退路就是最好的出路”，当你别无选择时，不妨把自己逼到毫无退路的境地，只要你不拒绝一步一个脚印的平凡，诱人的辉煌就不会拒绝勤奋执着的你！

第四节　明确执行措施

管理是盯出来的，技能是练出来的，办法是想出来的，执行力是逼出来的。

卖油翁曾经说过“我能把油从铜钱眼里倒进油瓶里，唯手熟尔”，卖油翁在多年的卖油生涯中，经过反复的练习，终于练就了这一绝招（技能）。

这句话告诉了我们一个朴素的真理：高超的技能是在简单的重复中磨炼出来的。“办法是想出来的”，任何解决问题的办法都不是天上掉下来的，都是结合我们面临的内外部实际，经过思考而获得的解决问题的思路。

1. 执行力是逼出来的

执行力是逼出来的，企业管理是企业为实现效益最大化而进行的决策、计划、组织、指导、实施、控制的过程。也就是明确责权关系，以使企业成员互相协作配合、共同劳动，有效实现企业目标。

所以管理从某种意义上说，是对企业制度的执行。我们的制度是把过去人们成功的工作经验和方法进行归纳总结的成果。它不但为员工提供了正确的工作程序和步骤，也为员工提供了有效的工作方法。这就要求企业在管理、控制过程中，紧盯制度的执行和落实。人的执行过程是随意的、变通的、不可复制的，所以表现出了时好时坏的现象。所以说，在管理制度科学、合理的情况下，员工只有按制度执行，在制度标准化、规范化、流程化的管理下工作，才能消除随意、变通和时好时坏带来执行的不确定性和对企业管理的伤害，真正释放企业管理的正能量。

只有制度长期得到有效的执行和落实，才能使我们每一个成员步调一致，才能在企业内部形成合力，真正消除“五马拉车”对企业统一目标的伤害；同样，制度的长期坚持，可以固化每一位成员的行为，使制度落实成为我们的潜意识和工作习惯，在我们企业内部形成高度的统一。

因而，紧盯管理制度的执行，是解决目前许多企业规模越大，管理越乱，员工的工作效率越低这类问题的唯一途径。

执行力是逼出来的。要想提升员工的执行力，单靠给他们灌输“自动自发”、“主动执行”以及“主人翁精神”是远远不够的，甚至有时会起反作用。

真正有效果的执行力提升方法，是让员工在标准化、规范化、流程化的管理下工作。那么如何确保员工在标准化、规范化、流程化的管理下工作呢？就是要通过不断检查员工对制度、标准、规范、流程的执行情况，纠正执行过程中的偏差和不到位，逼迫员工放弃执行的随意性和变通性，那么因为变通而导致的执行力不稳定现象就会消失，员工的执行力就能得到稳定地提升。

2. 不越位、不错位、不缺位

(1) 依法办事不越位

很少有人能够在工作中做到不越位。不要说普通员工，即使是中高层管理者，也经常会出现越位或者错位管理的现象。

实际上，很多公司由于管理制度的不规范，即使是老板也不推崇这种“三不”的工作理念。相反，他们更喜欢强调“自动自发”、“多做贡献”这样的工作理念。

按照人性的特点，很少有人愿意在工作中去做自己职责之外的事情，除非想通过这类行为获得上司的好感。中国俗语中的“各人自扫门前雪，休管他人瓦上霜”，也非常到位地证明了人们不愿多管闲事的思维。

因此，站在公司的角度考虑，与其鼓励员工自动自发多做一些工作，不如多花点时间把公司每个职位的责、权、利规划清晰，让每个员工都明确知道自己该做什么，不该做什么，这样效果会更好。

重视流程管理的公司，通常要比不重视流程管理，甚至是没有流程的公司优秀。其中的原因，就是流程厘清了每个人的职责，提升了员工的效率，使企业的竞争力得到了提升。

如果公司的制度比较清晰，岗位职责比较清楚，管理也比较规范，那么作为员工，在工作中必须牢记“不越位”的工作原则。即使你一片好心地想去帮助同事，也要先征得他的同意。否则，你很可能会“好心没好报”，或者被对方误解。

助人为乐当然是好事，但如果你是在对方毫不知情的情况下把对方的工作做完，也许你会得到领导的赞赏，但你一定不会得到同事的感激。因为你的“杰出表现”，可能会让同事失去“饭碗”。关键的是，如果你待在一家规模庞大，不得不依靠流程进行管理的公司，你的“越位”表现，很可能不但不会得到表扬，还会被严重批评。

最关键的是，越位工作，会给公司带来管理的混乱，甚至会给公司带来麻烦。

职业经理人唐骏在初入微软时，大约还受中国人做事思维的影响，不知道“越位”工作的危害性，结果把自己搞得非常尴尬。

唐骏到微软上班的第二天，他的直接上司戴维就给他做了“一对一”的会谈交流，告诉了他一些要注意的事项。其中，戴维特别强调，有任何事情都要用电子邮件的方式立刻请示他。

唐骏是否理解了戴维的意思？答案是否定的。

当时，唐骏所在的部门正在做 Windows NT 的测试版，几乎每天都会出来一个新版本。有一次，唐骏给若干同事及其他部门的经理写了一封邮件，告诉他们当天刚出的测试版系统不够稳定，建议大家先不要用这个版本。这封邮件，唐骏同时也给戴维发了一份。

在一些人看来，唐骏的这个行为，即使不被表扬，起码也应该得到鼓励——他看上去很有责任心。没想到，正在纽约出差的戴维看到邮件后非常恼火，他立即打电话给唐骏，把他训了一顿，严厉斥责唐骏怎么可以发这样的邮件。

唐骏看似对工作负责的行为，为什么反而受到了批评？原因就是他这种擅自给其他部门经理发邮件的行为，已经犯了严重的越权错误。也就是说，他的工作越位了，他做了自己不该做的工作。而且，由于他的邮件内容非常不准确，出现了一些用词错误，被批评也就很自然了。

唐骏好心却做了错事，究其原因，还是因为他没能明白在微软这种公司工作不能越位的道理。

在许多企业里面，都会出现工作越位的现象。由于人们在潜意识里并不觉得它有不妥，因此，随便插手他人工作的现象并不少见。如果我们细心观察，可以发现那些经常越位工作的人，多发生在管理层身上，或者是一些希望好好表现、获得晋升的员工身上。

追求完美主义的管理者最容易越位工作。因为不相信下属的工作能力，或者希望下属能够把工作做得更好，他们经常在无意中代替下属做了许多的工作。事实上，一个好的管理者首先应该明白一个道理：如果没有下属能够取代你，你就永远不会取得晋升。

显然，要想下属能够取代你，你就必须懂得放权，学会培养下属独立解决问题的能力。即使下属的能力暂时达不到你希望的要求，也不要急着越俎代庖，替他们工作。要有耐心，给下属时间去提升他们的工作能力。否则，即使团队或部门的工作暂时表现得非常优秀，但从长远来看，这种优秀并不能得以维持。因为你不可能总是去代替下属工作，更无法培养出能够胜任自己工作岗位的下属。而且，由于你的不断越位去帮助下属，久而久之，下属会产生一种依赖心理，一有解决不了的问题就会希望你来解决。

可见，对管理者来说，越位工作是一种会影响团队长远发展的不良表现。

那些一心想要表现自己，希望上司看到自己的“敬业态度”，从而提拔自己的员工，也一定要牢记：表现可以，但不能表现得越位。如果你为了表现自己而在领导面前把别人的工作做了，那么别人会怎么想？你的领导又会怎么想？也许你认为自己是在对公司负责，一心想为公司多做点事情。但在别人看来，你却是在争功争宠，以牺牲别人的利益来获得自己的晋升。

（2）权责清晰不错位

错位现象通常是由职责不清晰，或者对岗位工作内容认识不够引起的。解决这一问题的办法，就是了解工作流程，看看哪些流程活动是在自己的工作范围之内的，哪些不是。

明白了工作不越位的道理，接下来还要学会工作不错位。通常来说，错位的出现，往往是由于对自己的角色认知不清产生的。比如你的工作就是营销，但你却花了大量的时间去研究技术，这就是工作的错位。再比如你本来是负责工作流程的 A 环节，却去做了 B 环节的工作，这也是工作的错位。

天津有位副市长在访问华为时曾向任正非请教："为了帮助企业发展，你认为政府应该做些什么?"

任正非回答："政府对企业最大的帮助就是什么也不要做，只要将城市的路修好，公园和道路旁边的花草种好，这就是对企业最大的帮助!"

虽然任正非的回答很有"挑衅"性，但他的观点是很明确的：政府应该做好自己的本职工作。去帮助企业发展，哪怕出发点是好的，也是一种错位行为，并不值得鼓励提倡。

一个"生态平衡"的社会，必然是每个组织都各司其职的社会。一旦有的组织违反了这一原则，出现了职能错位的现象，社会的"生态平衡"就会被打破。像我们当前的社会，经济失衡现象之所以极其严重，就是因为政府对市场经济插手太多，导致了"生态失衡"。

2012 年 5 月 9 日，《上海证券报》的一篇新闻引起了社会的广泛关注。据新闻报道，在巨大的楼市库存压力下，江苏扬州开始出手救楼市。2012 年 5 月 7 日，扬州市财政局、市住房保障和房产管理局联合出台《关于对个人购买成品住房进行奖励的通知》，规定从 7 月 1 日起对个人购买成品住房进行 4% ~6% 不等的奖励，执行期暂定一年。

虽然扬州市房管局局长从政策的角度解释了政府的这一行为不存在职能错位之嫌，但仍不能平息舆论的质疑。

如果说政府的职能错位因为影响太大而很容易引起社会的关注，普通员工在工作中的执行错位却因为"影响太小"而很容易被人忽视其危害性。其实，对普通员工来说，工作中的执行错位也是要不得的，因为这会出现"种了别人的田，荒了自家的地"的现象。

对普通员工来说，错位现象通常是由职责不清晰，或者对岗位工作内容认识不够引起的。解决这一问题的办法，就是了解工作流程，看看哪些流程活动是在自己的工作范围之内的，哪些不是。有了这样一个认识，我们就能够尽量避免错位现象的出现。

当然，有的人因为性格关系，不懂得拒绝别人推到自己身上的工作，也会造成一种被动的错位现象。比如，有的工作明明是上道工序来做的，但是上道工序的员工却没有做，而是请下道工序的同事帮忙，这时候，如果下道工序的员工不懂得拒绝，就会出现被动的错位现象。而一旦这种行为成为了习惯，上道工序的员工一遇到同样的问题就会想着让下道工序的同事来做，久而久之，下道工序的员工就会多了一个本不属于自己岗位职责内的工作内容。

同事之间互相帮助是对的，但这种帮助应该有个度。最起码，我们要在自己的工作能够按时完成的情况下才能接受同事的帮助请求。如果自己都忙得火烧眉毛，还有心思去帮助别人，那真的是“种了别人的田，荒了自家的地”了。

当然，在规模比较小，还没有成熟的流程制度的公司里面，要做到职责清晰不错位是很难的。事实上，在这类公司里面，大家要遵循的反而不是职责清晰不错位，而是要在自己工作空闲的时候主动地去帮助同事。尤其是创业型的公司，更应该强调这种互帮互助的主动行为。

（3）履行职责不缺位

无论是有意还是无意的缺位，其结果都是一样的，都会对公司和个人造成伤害。所以，我们既要杜绝有意的缺位，也要防止无意的缺位。

错位必然导致缺位现象的出现。因为当你做了别人的工作时，你的工作就会没人做，你的工作就出现了缺位。当一个团队或部门所有人的工作都出现了错位时，这个团队的工作就会变得一塌糊涂——该负责的没人负责，甚至会出现几个人同做一件事情的现象。

按流程执行是互相合作的基础。因为流程的设计就是一个环环相扣的链条，在这个链条上，每个人的工作都起着承上启下的作用。如果有人脱离链条单独行动，那么链条就会断裂，互相之间的工作也就无法更有效地前后对接。如果这种现象只是发生在某个人身上，其危害看上去可能并不严重，但如果所有的人都脱离链条单独行动，其产生的危害性就是难以估计的。这是因为，在一个工作顺序混乱的团队里，每个人都可能出现“缺位”或“越位”的现象，“缺位”使互相之间的工作不能有效对接，而“越位”则使人们重复一些相似的工作，从而降低效率，也降低了团队的战斗力。

要想解决这一问题，就要严格按流程执行，在不越位、不错位的基础上，做到履行职责不缺位。

事实上，缺位可以分为有意识缺位和无意识缺位两种情况。

有意识缺位，实际上是一种“不作为”的行为。它通常是由于人们对公司的决策有意见，而自己又不敢在会议上当面提出异议，所以只好通过不履行职责的行为来进行抵抗。

这种故意缺位的行为是不明智的。毕竟，公司的决策一旦确定，就很少会因为某个人的反对而轻易改变。而且，有意见可以提，可以讨论，但要是通过故意缺位这种行为来表达，就在客观事实上造成了对公司利益的损害。最终，公司的利益得不到保证，个人的职场前途也可能会因此而告终。

无意识缺位有时候也会给工作带来麻烦。但因为它不是有意为之，而是无意之过。所以像这样的情况，只要给工作造成的影响不是特别大，都能得到别人的谅解。

总之，无论是有意还是无意的缺位，其结果都是一样的，都会对公司和个人造成伤害。所以，我们既要杜绝有意的缺位，也要防止无意的缺位。

3. 让规范成为习惯

人们在按流程执行的时候，一开始都会感到不习惯。毕竟多了一些约束，不能像以前那样按照自己的想法，随心所欲地工作了。

但习惯都是养成的，如果我们能够坚持下去，每份工作都认认真真地按流程执行，不用多久，规范化工作就会成为我们的习惯，流程也就会成为我们工作中的潜意识标准。

华为在引进 IBM 的流程管理时，任正非明确提出，无论流程是否合理，都要“先僵化、再优化、后固化”。具体来说，就是在将流程体系引进到公司的时候，即使它并不能完全适用于公司的现状，也不能立即进行修改。而是要大家“削足适履”，努力去适应新的管理模式。等到大家在新的管理体系下养成规范化工作的习惯后，再对管理体系中不合理的部分进行优化，使之适合公司的发展现状。而优化之后，接下来就是对管理体系进行固化。任正非所谓的固化，就是例行化（制度化、程序化）、规范化（模板化、标准化）。

显然，任正非强调的“先僵化”，实际上就是要求所有的员工，无论新的管理体系是否合理，都要在开始的一段时间无借口地执行它。这实际上就是磨炼法则。

人们的许多行为都是习惯的产物。事实上，许多人的工作习惯并不见得有效率，但因为是习惯，所以当事人才觉得顺手，才觉得自己的工作方法是最有效率的。

以键盘为例，我们现在所用的键盘上二十六个字母的排列顺序并不是最合适的，也不是最有效率的，但因为人们都已经习惯了现在的用法，所以即使你再找出更有效率的键盘排序方式，人们也难以接受。

键盘上的二十六个字母从上到下是按如下顺序排列的：QWERTYUIOP、ASDFGHJKL、ZXCVBNM。当初为什么要如此设计？是因为这样的设计使打字速度最快吗？答案是否定的。

在 19 世纪 70 年代，肖尔斯公司是当时最大的打字机专业生产厂家。据说，由于当时的机械工艺没有现在这么发达，因此该公司生产的打字机字键在击打之后弹回速度较慢，一旦打字员击键速度太快，就容易发生两个字键绞在一起的现象，必须很小心地把它们分开才行。这样一来，敲字速度就会很慢，为此，公司经常受到客户的投诉。

为了解决这个问题，设计师和工程师提出了许多解决方案，但仍无法提高字键的弹回速度。后来，有位聪明的工程师提出：既然问题出在字键的弹回速度太慢，而打字员的敲击速度太快又加重了这一现象，为什么不想办法降低打字员的击键速度呢？

要想降低打字速度，最好的办法就是打乱 26 个字母的排列顺序，并且要把较常用的字母摆在较笨拙的手指下，如字母“O”是英语中第三个使用频率最高的字母，可以把它放在右手的无名指下；字母“S”和“A”也是使用频率很高的字母，可以把它放到左手的无名指和小指下面；而使用频率较低的“V”、“J”、“U”等字母，却可以交给最灵活的食指来负责。

这就是现代键盘诞生的过程，二十六个字母的顺序也定型下来，并一直使用到现在。虽然后来随着工艺的发展，字键弹回速度远大于打字员的击键速度，也曾经有人发明了更合理的字母顺序设计方案，但都无法推广，因为大家已经习惯了当初的顺序排列。

流程也是如此，一开始的时候，我们可能觉得它烦琐，不方便。但只要坚持按照它要求的规范工作，不用多久，我们就会习惯。而当我们习惯之后，即使某些时候有更快速的捷径可走，我们也会拒绝。

4. 工作程序化，行为标准化

标准化的好处显而易见，它减少了风险，提高了效率，降低了企业的经营成本。

在全世界的所有国家里面，大约没有哪个国家能像日本人那样做什么事情都先找相关指南。一位客居东京十数年的人这样评价日本人：行路，他们要看地图；吃饭，他们要购买餐馆介绍；恋爱，他们要先买求爱必读；甚至逛烟花柳巷、搞自杀，他们也要预读入门指南。前些年，不知谁写了本自杀指南，弄得日本社会好长时间不得安宁。

日本人的这种事事按“指南”去做的行为，放到生活中看，难免显得呆板。但要是从企业的角度来看，却会显现出极大的魅力。事实上，日本人的严谨与高效，正是依赖于这种“凡事都要标准化”的做法。

流程管理的一大特点就是“凡事都要标准化”，也就是工作程序化，行为标准化。

从某种意义上讲，标准化管理的内涵就是任何工作都要“可量化”，都要有一个行为标准。任正非在他的一篇文章中谈到了如何通过标准化管理提升公司的竞争力：各流程管理部门、合理化管理部门，要善于引导各类已经优化的、已经证实行之有效的工作模板化。清晰流程，重复运行的流程，工作一定要模板化。一项工作达到同样绩效，少用工，又少用时间，这才能说明我们的管理进步。例行化（制度化），规范化（模板化），两化的结果是固化，也是简化。有了固化和简化，就可以使我们在进一步夯实的管理平台上，再建一层楼，使公司核心竞争力获得持续的、有质量的提升。

许多人都不喜欢标准化管理，因为它可能会导致你失去自我发挥的空间，更严重的是，它可能会让你丧失创造能力。

这种担忧不无道理。但是，相对于负面作用，标准化的正面意义更大。我们可以找到许多的案例去证明标准化执行对企业的积极意义。

曾经一度成为全球最大PC供应商的戴尔，许多人认为是直销模式给它带来了市场的辉煌。但实际上，真正让戴尔具备市场竞争力的，是流程管理所带来的标准化工作。在戴尔，每一位员工都必须自觉地认同自己是流程的一部分，没有任何人可以独立于流程之外。

在戴尔，每一位员工都被要求严格按流程作业。在流程管理中，每个人的价值与意义都是程序预先设计好的，任何与这个流程冲突的，不管是个人价值的放大或者缩小，都不会被允许。换句话说，在戴尔设定的流程管理中，个人的能力并不重要，重要的是个人能不能满足流程的设计标准。员工的价值主要是满足了流程的设计标准。因为英雄过多，容易造成能量的过度堆积，这会破坏流程的标准化。反过来，流程管理是依赖于精英的，因为戴尔的要求高，任务重，员工没有行业一流的水平，是难以完成任务的。所以，在戴尔，只有既能满足流程的需要，又能够完成业绩指标的人，才是一名合格的员工。

实际上，流程管理贯穿了戴尔的一切：无论是产品的装配还是客户的凝聚，都是靠流程控制；每一位戴尔的员工，无论职位高低，只有严格按照流程进行作业，并注意做细业务的每一方面，才能达到要求；戴尔的电话销售人员在上班时间，已经被凝固在鼠标和电话机上面，从对客户电话沟通的技巧、时间等方面，都要严格、细致地按流程作业，才能做好工作。

在这样的公司工作，你就像一架精密仪表上的某个齿轮，每次的转动都必须配合其他齿轮的转动。你无法根据自己的意愿决定转动的速度，一切都在被控制之中。也许你会觉得枯燥，但大多数工作本身岂不就是枯燥无味的？而且，无论是对员工还是对公司，这种把所有的事情都细化固定成流程管理的做法，都是利大于弊。

对员工来说，这样做的好处是很快就能提升自己的工作能力，胜任岗位工作。如任正非所说，只要你能看懂工作模板，那么你三个月学来的东西就可能是人家几十年摸索出来的经验。

执行落地

虽然有越来越多的人认为，在互联网时代，工业时代的流程管理已经成为过时的游戏规则，但戴尔却用实际行动证明了流程管理在智力时代的价值。可以说，戴尔把流程管理的价值在智力时代发挥到了极限，创造了个性化价值所没有的时代价值。相反，许多企业纷纷搞出了技术含量极高的产品，也在推广所谓个性化的价值，但却出现难以满足客户需求的实际情况。与此同时，一些重视员工个人价值的公司也被迅速淘汰。

那些不喜欢把工作标准化的人会为自己找出各种各样的理由。包括许多种高层管理者，他们会用“这无法量化”、“这根本无法做到”来为自己的行为辩解。

所有的辩解都是苍白的，因为有大量的事实证明，任何工作都可以标准化。

世界“零售第一巨头”沃尔玛规定，员工要对 3 米以内的顾客微笑，甚至还有个量化的标准：微笑时要露出 8 颗牙；为提高服务水平，沃尔玛还规定员工回答顾客提问时，永远不要说“不知道”。这些在很多人看来无法标准化的行为，沃尔玛的员工很轻松地做到了。

宝洁公司规定，任何广告出炉都必须经过完整的创作检验流程，每个流程都有检验标准，只有符合标准的广告才能拿到媒体上投放。这套流程可能周期长，广告推出的速度慢，但至少能保证不会有偏离目标的致命差错，因为一旦有了致命差错，大规模广告投放造成的损失就更大。

周密完整的流程对于宝洁广告的质量控制起到了很大作用，虽然它缺少一些根据市场情况做出快速反应的灵活性，但在相对成熟的日化行业，这种有条不紊的计划和控制往往很有效。

标准化的好处显而易见，它减少了风险，提高了效率，降低了企业的经营成本。

企业的领导应该尽可能地把工作都量化和标准化，这不仅仅是为了更好地管理，也是为了公司能够获得可持续发展的竞争力。而作为员工，在标准化的流程管理面前，似乎也没有必要埋怨和抵触。毕竟，标准化管理只会提升你的工作效率和业绩，而绝不会给你带来工作障碍。

第五节　明确执行奖惩

1. 奖励是风向标

拿破仑说："只要我有足够的勋章，我就能让军队战无不胜。"你想要什么，就奖励什么，奖励就是风向标，奖励就是头羊。然而，你不能贿赂你的孩子去完成作业，你不能贿赂你的妻子去做晚饭，同样你更不能贿赂你的员工去完成本职工作。总经理犯的错误就是口头说按劳分配，干的却是大锅饭的分配机制。

不能把报酬和权力挂钩，设计薪酬制度的关键原则是把薪酬中的大部分与工作表现直接挂钩。对于团队中的优秀分子，要让他们成为先富起来的人，并大张旗鼓地进行宣传。

2. 以待遇吸引人，以事业激励人

海潮是海水因天体的引力而涌起的一种自然景观，引力大时出现大海潮，引力小时出现小海潮，引力过弱则无潮。这就是海潮效应。

社会时代与人才的关系也是如此。社会渴望人才，时代召唤人才，人才就会应运而生。依据这一效应，作为国家，应该加强对人才的宣传力度，形成尊重人才、重视人才的良好风气。而对于一个企业来说，要为公司的人才安排合适的岗位，给予合理的待遇，以达到各得其所、各尽其能，从而加大企业对人才的吸引力度。

"以待遇吸引人，以感情凝聚人，以事业激励人。"是现在许多知名企业共同提出的人力资源管理理念。

早在几千年前，一些能人志士就懂得用"海潮效应"来为自己招贤纳才。

公元前 314 年，齐国趁其近邻燕国发生内乱之时，乘虚而入，侵占了燕国的部分领土。燕昭王当上了国君之后，他先消除了内乱，然后开始招纳天下有才能的人士，决心振兴燕国，夺回失去的领地。

虽然燕昭王的决心很大，也下达了招纳贤才的告示，但很长一段时间，前来投奔他的人寥寥无几。无奈之下，燕昭王就去找一个叫郭隗的人，向他请教如何才能得到贤良的人才。于是，郭隗给燕昭王讲了一个故事：

从前有一位国君，想要得到一匹千里马，且愿意以千金来购买。可是，3 年过去了，千里马还是没有买到。这位国君很纳闷为什么自己出那么高的价钱，花费了那么长的时间竟买不到一匹好马，心里也十分着急。这时，他手下有一位很有才能的人便自告奋勇，请求去买千里马，国君非常高兴，立即同意了。这个人用了 3 个月的时间，终于打听到某处人家有一匹良马。可惜的是，等他赶到这户人家，那匹马已经死了。得知这个消息后，那位寻马人做出了一个令人费解的举动，他竟用 500 金买了马的骨头，回去献给国君。国君看到他用 500 金——如此昂贵的价钱买的马骨头，非常不高兴。买马骨的人却不慌不忙地说："我这样做，只是为了让天下人知道，大王您是真心实意地想出高价钱买马，并非欺骗人。"果然，不到一年的时间，就有人送来了 3 匹千里马。

郭隗讲完这个故事后，对燕昭王说："大王若是真心想要得到人才，就要像买千里马的国君那样，设法让天下人都知道您是真心求贤。您可以先从我开始，人们看到像我这样的人都能得到大王您的重用，那么比我更有才能的人就会纷纷来投奔您。"

燕昭王认为郭隗讲的非常有道理，于是便拜郭隗为师，还给他丰厚的俸禄。并让他修筑了"黄金台"，用作招贤纳才的地方。结果，消息传出没多久，邹衍、乐毅和剧辛等一大批能人贤士从各国赶来，纷纷投到燕昭王门下。经过 20 多年的努力，燕国一天天强盛起来，最后终于打败了齐国，夺回了被占领的土地。

不管是用买马骨的方法去买得千里马，还是用修筑"黄金台"的方法去求得天下人才，都是运用了"海潮效应"。人才乃强国之根本，选人用才，求贤纳士，贵在诚心实意。燕昭王重用郭隗，以此向世人彰显自己不以"才"小而不敬的胸怀，让天下人看到他招募人才、尊重人才的诚心，因此，四方贤士纷纷赶来，燕国由此逐渐国富民强，给了我们深刻的启示。

随着信息流动量的加大和逐渐健全的社会化人才交流中心，人才的流动越来越活跃。因此，对于企业来说，必须要建立合理有效的薪酬和激励制度，以形成“海潮效应”，吸引并留住人才。

杰克·韦尔奇是美国通用电气公司前总裁，他是20世纪风头最劲的企业家。但是，在1961年，韦尔奇曾萌发过辞职的念头，那时他来到通用电气还不足一年的时间。

当时，韦尔奇是公司一名普通的工程师，虽然年薪很高，但是公司平均主义式的加薪制度使胸怀大志的他觉得很屈辱，而且公司的官僚主义让他感到窒息。于是他接受了伊利诺斯州国际矿产化工公司的聘请，准备离开通用。

鲁本·古托夫是当时部门的负责人，他得知韦尔奇即将离职的消息十分震惊，他决心不惜一切代价留住这位难得的年轻人。于是，他在韦尔奇告别宴会的前一天，邀请韦尔奇夫妇共进晚餐。在用餐的时候，古托夫对韦尔奇进行了长达四个小时的说服工作。他表示，只要韦尔奇留下，给他每月的工资涨2000美元，保证韦尔奇不再受任何官僚作风的纠缠，并利用大公司的资源给韦尔奇创立小公司工作环境。古托夫恳求道：“请你相信，只要我在公司一天，大公司最差的一部分将远离你，你只需利用最好的部分进行工作就可以了。”

韦尔奇听了之后说：“这样的话，你可要经受考验啦。”

古托夫回答说：“现在对我来说，把你留下才是最重要的，至于考验我非常乐意接受。”

古托夫的极力劝阻、再三保证，终于使韦尔奇打消了离职的念头。

12年之后，韦尔奇雄心勃勃地在他的年度工作报告中写下一个长期目标：要成为通用电气首席执行官。在数年之后他果然做到了，并且一干就是二十多年。通用电气发展成全世界最有实力的公司之一，韦尔奇在这期间做出了巨大的贡献。

鲁本·古托夫在多年之后的回忆时说：“我今生最成功的推销行为就是为公司留住了韦尔奇。因为留住了韦尔奇，才留住了通用电气今天的辉煌。”

于行博士点拨：要留住特殊的人才，就要在合理的范围内给予特殊的待遇，一个小小的举措就有可能成就一个辉煌的企业。

第六节　明确执行监督流程

检查的力度决定了措施的力度。措施不力，执行不力；检查不力，措施不力。锁定责任使人进步；与上级一起明确你的职责，与下级一起讨论职责的意义，制订书面计划。

1. 过程管控

IBM公司总裁郭士纳说：“如果强调什么，你就检查什么；你不检查，就等于不重视。只有检查才能保证最后的结果!”

赫勒法则：当人们知道自己的工作成绩有人检查的时候会加倍努力！如果没有监督手段，宁可不授权，没有监督的授权就等于借钱不打借条，就等于鼓励别人不还钱。

从本质上来说，人都是有惰性的。管理之所以成为必要，一部分原因也就在此。管理的主体是人，客体也是人，要真正达到调动员工的工作热情，提高员工的工作积极性，就要有效地运用起你手中的激励和监督机制，调动好你的指挥棒。

如果部下得知有一位领导在场负责解决困难时，他们会因此信心倍增。麦当劳快餐店创始人雷克罗克大部分工作时间都用在“走动管理”上。

惠普公司采取独特的“周游式管理办法”，检查成为管理者的一项日常工作，无论哪级领导都不设单独的办公室，这样保证了惠普公司对问题的快速反应能力和解决能力，并成就了它的辉煌。

你的检查和监督就是让员工进步，就是把风险控制在发生之前，让员工知道如何做事。

企业里，管理者的健康成长离不开有效的监督。“金无足赤，人无完人”，人自身的缺点错误犹如脊背上的灰尘，自己不容易看见，只有通过监督这面“镜子”，才能够及时克服缺点，改正错误。

2. 既要放权，更要监督

《韩非子》里有这样一则故事：鲁国有个人叫阳虎，他是一个很有才华但同时又很自私的人，他游说于鲁王、齐王，但都被驱逐出境，于是他来到了赵国。赵王十分赏识他的才能，拜他为相。有人向赵王进谏说：“大王怎能用这种人料理朝政呢？”

赵王回答道：“阳虎或许会寻机谋私，但我一定会小心监视，防止他这样做。只要我拥有不至于被臣子篡权的力量，他阳虎又岂能如愿以偿呢？”赵王一直对阳虎实施监督与控制，使得阳虎没有机会以权谋私，而且能够尽职尽责地在相位上施展自己的抱负和才能，终使赵国威震四方，称霸于诸侯。

企业对管理者授权的同时，一定要有监督。如果没有监督，就不知道干部在干什么，就无法控制整个局面。监督是一种重要的管理手段，能够保证权力不被滥用和失控，能够及时地发现工作中出现的各种问题，便于采取适当的措施予以纠正和解决，从而保证顺利实现计划和达到目标。

企业管理学中流行一个新观点“用人也要疑”，这与前面所说的“用人不疑”不是互相排斥，而是相辅相成的，它们是企业管理不可或缺的“两个轮子”，体现着企业的运行监管机制。企业在使用管理者的时候，要同时做到“用人不疑”与“用人以疑”。

“用人以疑”不是两面三刀，更不是要阴谋诡计，而是针对各部门、各工种的不同特点，估计会出现什么问题，并据此制定一系列的监督检查的规章制度，是一个企业稳定大局、防微杜渐之举。

对拥有权力的管理者进行监督是必要的，这是授权后不可缺少的后续措施。肯德基公司的店长们有相当大的自主权，但世界各地的上万家店却被美国的肯德基总部管理得井井有条，这离不开有效监督的功劳。

美国肯德基国际公司的9900多个子公司遍布全球60多个国家。一次，上海肯德基有限公司收到3份总公司寄来的鉴定书，对设在上海外滩的快餐厅的工作质量以及店长分3次鉴定评分，分别为83分、85分和88分。

这三个分数是怎么评定的？原来，肯德基国际公司雇用、培训一批人，让他们佯装顾客潜入店内进行检查评分。这些“特殊顾客”来无影，去无踪，这就使得快餐厅经理、雇员时时感到某种压力，丝毫不敢疏忽，正因如此肯德基各分公司才能够在全球保持一致的服务标准。

3. 没有监督，是不负责的授权

企业如果相信每个管理者都是好人，盲目、无限制地信任他们，就很有可能将整个企业给毁了。当初，巴林银行就是因为对驻新加坡的里森“用人不疑”，结果三年来他一直做假账隐瞒亏损，最后造成8亿英镑的损失，迫使有200年历史的老牌巴林银行破产倒闭。

授权与监督是企业管理不可或缺的“两个轮子”，监督是与授权相配套的一种管理行为。监督中层，就是在确立了目标、授权给干部后，注意关注其职责的履行状况，并及时发现偏离目标或要求的具体问题，采取消除偏差、纠正错误的措施，以确保管理者尽职尽责地带领团队完成整体目标和任务。

海尔集团的三条人事管理规定就是：在位要受控，升迁靠竞争，届满要轮岗。“在位要受控”就是集团要建立控制体系，控制财务、控制工作目标，避免违法违纪、犯方向性错误。海尔集团建立了较为严格的监督控制机制，任何在职人员都接受三种监督，即自检（自我约束和监督）、互检（所在团队或班组内互相约束和监督）、专检（业绩考核部门的监督）。

贵州海尔总经理刘向阳被海尔认为“海尔时代的楷模”，即使类似他这样的“封疆大吏”，每天也必须向远在青岛的海尔总裁汇报工作，然后才能下班吃饭。严格的要求使得管理者随时都有危机、有压力，也使得工作有动力。

4. 有效的监督方法

18世纪末期，英国政府决定把犯了罪的英国人统统发配到澳洲去。一些私人船主承包从英国往澳洲大规模地运送犯人的工作。最初，英国政府实行的办法是以上船的犯人数支付船主费用。当时那些运送犯人的船只大多是由一些很破旧的货船改装的，船上设备简陋，没有什么医疗药品，更没有医生，船主为了牟取暴利，尽可能地多装人，导致船上条件十分恶劣。一旦船只离开了岸，船主按人数拿到了政府的钱，对于这些人能否远涉重洋活着到达澳洲就不管不问了。有些船主为了降低费用，甚至故意断水断食。3 年以后，英国政府发现：运往澳洲的犯人在船上的死亡率达 12%，其中最严重的一艘船上的 424 个犯人死了 158 个，死亡率高达 37%。

对此，英国政府采取每一艘船上都派一名政府官员监督，再派一名医生负责犯人的医疗卫生，同时对犯人在船上的生活标准做了硬性的规定。但是，死亡率不仅没有降下来，有的船上的监督官员和医生竟然也不明不白地死了。原来一些船主为了贪图暴利而贿赂官员，官员不肯就范即被扔到大海里喂鱼了。政府支出了监督费用，却照常死人。

政府又采取新办法，把船主都召集起来进行教育培训，教育他们要珍惜生命，要理解到澳洲去开发是为了英国的长远大计，不要把金钱看得比生命还重要。但是，情况依然没有好转，犯人死亡率仍然居高不下。

一位英国议员认为，那些私人船主钻了制度的空子，而制度的缺陷在于政府给予船主报酬是以上船人数来计算的。他提出从改变制度开始：政府以到澳洲上岸的人数为准计算报酬，不管在英国上船多少人，到了澳洲上岸的时候再清点人数支付报酬。问题就此迎刃而解。船主主动请医生跟船，在船上准备药品，改善生活，尽可能地让每一个上船的人都健康地抵达澳洲，因为一个犯人就意味着一份收入。自从实行上岸计数的办法以后，犯人的死亡率降至 1% 以下。有些运载几百人的船只经过几个月的航行竟然没有一个犯人死亡。

可见，如果能够有效地监督干部，就可以及时全面地了解他们履行职责的具体情况，准确分析其犯错误的原因，就能够研究出完善的补救措施与管理手段，做到“亡羊补牢，犹未迟矣”，使得一切事务都处于自己控制中。

第七节　认清局势，把握未来

一个优秀的企业需要一个优秀的领导，优秀的领导以及管理者需要有大局思维，有了大局观的领导才能更好地制定企业发展战略。作为公司的领导人，如果没有全局的战略思维，很可能就会将公司置于万劫不复之地。

作为企业的管理者，要深刻理解企业的战略目标，个人与企业、长期利益与短期利益的关系，以及其他各关键因素在实现企业战略中的作用。管理者要站在运筹全局的高度，不断更新知识，开阔视野，从了解全局、顺应全局逐步做到开创新局面，真正做到推动全局工作健康有序发展。

多年前，美的集团曾经有非常好的机会比现所有的国产手机企业更早进入手机领域，而且如果当年进入的话，在短期内一定可以大赚一笔。但是，这样的项目被美的集团的当家人何享健给坚决否决了。何享健认为，虽然投资该项目短期内可以赚一笔钱，但从美的集团整体发展的全局角度看，并不符合家电领域的定位，而且手机属于电子领域，技术更新，国内技术与国外相比没有任何优势可言，一旦进入最后只会死得很惨。

多年后，事实已经证明何享健当年的决策是完全正确的，现今国内进入手机领域的企业，包括 TCL、夏新等，无不因手机业务而背上沉重的包袱。

1. 培养战略思维

管理者要以整体眼光培养战略思维。领导者应该是战略家。在一定时期内，凡带有考虑顾及所有方面和所有阶段的问题，都是关乎战略的问题。领导者居于全局的统帅地位，因而要求他们具有战略头脑，即具有广阔的视野和统筹全局的能力，善于掌握和驾驭全局的发展规律，能够顾及到整体的各个过程。

2. 尊重商业规则

有较强的规章、制度意识，尊重公司运作中的各种规则，不会为局部小利而轻易打破规则和已经建立的平衡与秩序。

3. 甘于奉献

明确个人与企业的关系，在决策时能够通盘考虑；以公司发展大局为重，在必要时能够勇于牺牲局部“小我”和暂时利益，为整体战略实现和长远发展的大局让路。

4. 团结协作，统筹兼顾

倡导部门间相互支援、默契配合，共同完成组织战略目标。随着公司的不断发展，各个部门的联系越来越紧，一个部门一个环节上的失误，也可能影响到公司的全局。因此，针对具体问题，各级管理干部一定要胸怀全局，坚决摒弃本位主义和个人主义的狭隘观念，做到统筹兼顾，协调发展。

5. 达成共识，公众承诺

达成共识是避免执行障碍的关键，做出承诺是杜绝借口最重要的武器。共识与承诺都要书面化和公众化。共识之前非常民主，共识之后绝对独裁。民主是为了保证决策无误，独裁是为了保证执行力度。有时人们不是做不到，而是不愿意做到。

子行博士点拨：员工或干部承诺目标必须在公众面前进行，到场人员越多越好，同时加上摄像机、照相机，包括他的父母和爱人，证人越多，证据越多，承诺就越有力量。

第八节　塑造职业化

1. 仅仅专业还不够

假如一个首席运营官或首席财务官的能力很强，但他的素质不合格，不符合可口可乐对员工最基本的要求——正直诚实，可口可乐会如何做？答案是炒掉这个人。因为如果这个人的品质有问题，那么他的职位越高，他的能力越强，他对公司的危害就可能越大。

人们在招聘团队成员时，首先会关注一个人的能力是否胜任。如果这个人的能力不能胜任工作，即使他的品质再好，也不会考虑。通常来说，这么做并没有错误，但对于那些想要建立一支优秀团队的人来说，仅仅关注团队成员的能力，还是不够的。

拥有了一批能力非常优秀的专业化人才，并不意味着团队就具备了战斗力。在很多团队里面，团队成员个个能力非凡，但在实际工作的时候，他们的表现却让人失望。仗着自己拥有别人不会的专业技能，要么耀武扬威，要么消极怠工，而并不努力地融入到团队工作中去。最后出现了团队成员优哉度日，而团队领导却忙得团团转的现象。

一个人拥有能力，不代表他能做好工作。真正决定团队成员做好工作的关键，是职业化素质。没有职业化素质，团队所有的沟通、执行、细节、战略等都不过是纸上谈兵，说得多做得少。美国学者的调查表明，绝大多数人在工作中仅发挥了10% ~30%的能力，而如果受到充分的职业化素质教育与培训，就能发挥其能力的50% ~80%。由此可见，职业化素质对提升人们工作效益的重要性。

事实上，一个睿智的团队领导需要的并非是专业化人才，而是职业化人才。甚至可以说，在专业化与职业化之间，首先应该重视职业化，然后再去培训成员的专业化技能。中国第一职业经理人唐骏，就是遵循这一原则建立他的微软中国团队的。

1997 年，唐骏被任命回到中国上海，组建微软大中国区技术支持中心，并出任总经理。回到上海的唐骏，当时从微软总部只带了 4 个经理，500 万美元。而这 4 个经理，一年后还要回到微软总部。

如何构建一支优秀的团队，成为唐骏首先要解决的问题。他开始了艰辛的招募工作，并把目光聚焦在高校。而让大学毕业生融入到微软的工作氛围，并能胜任工作，唐骏将员工的实践性培训视为公司管理的基础。

“我招聘的时候是把‘人’和‘才’分开的。有的公司希望能够招聘到马上投入工作的人，而我要的是‘人’，高素质的‘人’。从‘人’变成‘才’是我的工作。”唐骏认为他最看重的是新人的逻辑思维、价值观、外语、精神状态等。他说，“我不管他们是什么专业的，专业技能我可以通过培训使他们完全胜任微软的工作。”

"我认为员工价值观的培养是非常艰巨的任务，而技术技能的培训是比较容易的，于是我们就做些简单的事情吧。"

其实，技能的培训也同样艰巨。很多新人初到微软时只会一些 Windows 的简单操作，其他则一无所知，但唐骏坚持用"实践性培训"使新员工迅速融入公司并胜任工作。他的做法是，先对新员工进行文化培训，让他们了解公司的文化是什么、优秀员工的标准是什么、如何接人待物、如何对待工作、掌握的技术应该达到什么样的程度等。这样，通过三个月的培训，他就将新人的专业化技能与职业化素质融合在了一起，而一个普通的大学生，基本上就变成了微软所需要的职业化工程师。

唐骏这种打造职业化团队的理念给他带来了巨大的成功。仅仅 4 年之后，他组建的微软大中国区技术支持中心从最初的几人发展到现在的 400 多人，后来成为了微软在美国总部之外唯一的一个全球技术支持中心。而他本人也获得了比尔·盖茨总裁杰出奖、杰出管理奖、杰出贡献奖等一系列殊荣。2002 年 3 月，唐骏出任微软中国有限公司总裁，年薪上千万元人民币。在这期间唐骏领导下的微软中国，在销售方面，是微软全球唯一一个连续 6 个月创造历史最高销售纪录的公司。

如果唐骏在招聘新人的时候不是先考察对方的职业素质，而是唯能力选拔，他是否还能建立一支优秀的团队？答案不得而知。但有一点可以肯定的是，当只重视了对方的能力而忽视了对方的职业化素质时，很多我们看不到的隐患可能已经被带进了团队。

韩国 SK 集团人力资源部经理周万亮曾经将企业择人标准归纳为三点：组织认同感；个人承诺与责任心；自我管理、自我领导。这三点要求，无一与专业能力有关，但却无一不与职业化素质有关，由此可见职业化的重要性。

无论是麦当劳还是肯德基的员工，他们的工作都很简单，只要按照一套非常标准的工作流程执行，他们就能把工作做好。然而，恰恰是标准化工作的要求，检验出了员工的职业化水平。比如他们永远面带微笑、非常有礼貌地向客人请示等，这些工作看起来简单，但却是职业化的基本表现。

IBM 公司的人力资源部长曾经说过："从人力资源的角度而言，我们希望招到的员工都是一些对工作充满激情的人，这种人尽管对行业涉猎不深，年纪也不大，但是，他们一旦投入工作之中，所有工作中的难题也就不能称之为难题了，因为这种激情激发了他们身上的每一个‘钻研细胞’。另外，他周围的同事也会受到他的感染，从而产生出对待工作的激情。”

充满工作的热情，就是职业化的表现之一，它强调的是职业化的心态。一个人如果没有这种充满激情的心态，那他就不会踏实地工作。同样，一个团队如果没有这种职业化心态，那它就不会有效执行公司安排下来的任务。最起码，它不会把工作做到更好，而只会“达到要求”。

美国独立企业联盟主席杰克·法里斯曾对人说起少年时的一段经历。

在杰克·法里斯 13 岁时，他开始在他父母的加油站工作。那个加油站里有 3 个加油泵、2 条修车地沟和 1 间打蜡房。法里斯想学修车，但他父亲让他在前台接待顾客。

当有汽车开进来时，法里斯必须在车子停稳前就站到车门前，然后检查油量、蓄电池、传动带、胶皮管和水箱。法里斯注意到，如果他干得好的话，顾客大多还会再来。于是，法里斯总是多干一些，帮助顾客擦去车身、挡风玻璃和车灯上的污渍。

有段时间，每周都有一位老太太开着她的车来清洗和打蜡，这个车的车内地板凹陷极深，很难打扫。而且，这位老太太极难打交道，每次当法里斯给她把车准备好时，她都要再仔细检查一遍，让法里斯重新打扫，直到清除完每一缕棉绒和灰尘，她才满意。

终于，有一次，法里斯实在忍受不了了，他不愿意再伺候她了。法里斯回忆道，他的父亲告诫他说：“孩子，记住，这就是你的工作！不管顾客说什么或做什么，你都要做好你的工作，并以应有的礼貌去对待顾客。”

父亲的话让法里斯深受震动，法里斯说道：“正是在加油站的工作使我学习到了严格的职业道德和应该如何对待顾客，这些东西在我以后的职业生涯中起到了非常重要的作用。”

越是简单的工作，越能看出一个人的职业化水平。前台的工作很简单，但要成为一名优秀的前台人员，你就要对这份枯燥的工作时刻充满激情。事实上，大多数团队的大多数工作也都是在平淡甚至不断重复中进行。如果缺乏职业化的理念，人们就会在激情过后慢慢对工作懈怠。因此，团队要想保持长久的战斗力，就必须保持职业化的理念。

专业化奠定了你成功的基础，职业化却是你成功的关键。一个能力再强的人，如果没有职业化理念，他也很难在现实中获得成功。一些职业经理人不断从一家公司跳槽到另一家公司，却总是无法实现预期的业绩，是他们能力不够吗？显然不是。如果能力不够，公司也不会花大价钱聘请他们。他们的失败，往往由于他们的职业化程度不够。唐骏之所以能够成为中国第一职业经理人，也是中国为数不多的每次跳槽都能和新公司和睦相处的职业经理人，用他自己的话说，就是“职业化”。

什么是职业化呢？“职业化”是指按职业的标准化、规范化、制度化的要求塑造自己。即在合适的时间、合适的地点，用合适的方式，说合适的话，做合适的事。职业化的人以一种理性的态度对待自己的工作，以为客户创造价值为己任组织自己的工作；职业化的人拥有严谨的职业生涯规划，能够理性选择自己的工作；职业化的人接受企业文化对自己的规范和约束，拥有良好的工作习惯；职业化的人以对自己和老板负责的态度开展自己的工作；职业化的人善于自我激励和自我约束；职业化的人与时俱进、懂得自我学习和自我完善；职业化的人深知自己的角色和地位，时刻铭记自己的使命。

以唐骏为例，他的职业化就是严格分清工作和个人的关系。关于此，唐骏的逻辑很简单，“在工作上可以说我和陈天桥是亲密无间，但是在工作之外，我和他保持相当一段的距离。为什么？这也是我学过的一种组织哲学，就是我不和我的上司，也不和我的部下、同事交朋友。”唐骏虽然不和老板、同事交朋友，但是关系都还不错，这就是职业化的表现。

2. 打造职业化团队

2004 年，新东方创始人俞敏洪在一次接受采访时说：“新东方处在改革和发展中，旧的管理和机制已不能适应新东方快速发展的国际化进程。新东方面临的最大问题是职业化的问题，管理者必须职业化，必须要有职业化的心态，而且要受到企业的限制。”

俞敏洪为什么要如此强调职业化？因为他发现，有的员工甚至是管理者，会根据你跟他的亲近程度，来对你施加一些压力。甚至有的人会抱有这样一种心态：我跟你不是朋友就不一定给你拼命去干。

根据个人关系的远近决定自己的工作态度，这显然不是职业化的表现。为此，新东方过去有一个吃饭文化，大家可以在一起吃饭聊天，但后来俞敏洪基本上不再参加了。他希望用自己的行为告诉公司的所有员工：什么事情跟吃饭是没有关系的，什么事情跟吃饭是有关系的。

打造一个职业化团队并不容易，余世维把职业化的内涵分为四个方面：职业化的工作技能、职业化的工作形象、职业化的工作态度、职业化的工作道德。我们看到，除了工作技能，其他三个职业化内涵，更多的是强调人的主观性，需要人们的自动自发才能实现的一种目标。

我们曾提到，如果没有制度的约束而寄希望于人们自动自发，不过是一个美妙的幻想。打造职业化团队也是如此，如果没有明确的、可以量化的职业化标准，只是不切实际地要求员工要职业化，也不过是一个美妙的幻想。因为在你要求你的团队职业化的时候，可能连你都不明白什么是职业化。而员工即使想职业化，他们可能也找不到一个职业化的标准。

当我们到一家餐厅吃饭的时候，身穿职业化服装，脸露职业化笑容的服务人员走上前来，非常有礼貌地询问我们要点什么菜。我们都感受到了她温暖的服务，然而当我们询问一道新菜是什么口味，有什么特色时，她却支支吾吾答不出来，最后干脆叫来另一个同样答不出来的服务人员给我们解答，这算不算职业化？

干净的服装、甜美的笑容、礼貌的询问，毫无疑问，她们看上去确实都很职业化。但事实上，她们却一点都不职业化，因为她们不能解答顾客最基本的疑问。她们缺少了职业化的基本前提——专业化。

不要以为这种现象只发生在工作简单的服务人员身上。在很多所谓的知识型公司或团队里面，这种现象也是比比皆是。比如一些公司在进行新产品推广的时候，为了给客户留下良好的印象，严格要求员工必须注意自己的职业化形象。结果，员工的职业化形象倒是做到了，可是这些员工却无法回答客户提出的一些深度问题，而只能根据公司提供的宣传材料或 PPT 回答客户的提问。这能叫职业化吗？显然不是。

打造职业化团队不是一个形象工程，它需要我们深刻理解什么是职业化，并根据团队的实际情况将职业化标准化，唯有如此，团队成员才能有目标地去改变自己，提升自己。

职业化的工作技能是最容易考察的，也是最容易被人们误解的。通常人们会认为，只要知识技能达到了工作的需要，他就算具备了职业化的工作技能。事实并非如此，一个大学教授的专业技能可能要比企业研发部门的人员高得多，但如果把他放到公司里面，他却不见得能为公司创造更好的效益，甚至于，他创造的效益连普通员工都不如。

真正的职业化工作技能，强调的应该是既能胜任工作，又能把工作转化为效益。简单地说，就是要把能力转化为生产力。教授如果不能带好学生，那他就不具备职业化的工作技能；员工的工作如果不能为公司创造利润，那他也不具备职业化的工作技能。

很多公司都存在能力很高、效率很差的员工，这种员工在工作的时候，往往不是以客户为导向，以公司利益为目标，以团队利益为基准，而只考虑自己的想法和感受。客观地说，如果能让这类员工认识到市场导向的重要性，他们会成为很优秀的员工。反之，他们就会浪费公司很大的资源。比如，从技术的角度看，有的员工研发出来的产品可能远远超过相关产品，但这类产品却不一定会被市场接受。因为它太超前，功能太复杂。这个时候，员工所做的工作其实就是无用功，因为他的产品不能为公司带来效益。

除了工作技能，职业化的工作形象也是打造职业化团队的要求之一。人们通常的误解是，注重职业形象是服务人员做的事情，而像一些研发人员，尤其是创意行业的人员，无须注意职业形象。我们常见到这样的现象，在同一个公司里面，销售人员往往是西装革履，皮鞋锃亮，而一些技术或研发人员则一身休闲装的打扮。这种穿着上的差异，实际上反映了员工不同的职业心态。

由于教育及文化背景的影响，很多人都有重技术轻业务的思想。在很多人的印象里，做业务是那些没能力、找不到工作的人才做的事情。一个有能力的人，是不会做业务这种工作的。这种思想直接导致了很多人对公司的业务人员低看一等的态度，而为了表明自己要比他们优秀，有的人就会故意在公司里面穿休闲装，以显示出自己的优越性。

实际上，这些不按公司规定穿职业装的员工，无论个人能力多么优秀，他们都以一种拙劣的行为表现了自己的不够职业化。因为他们没有考虑公司的整体形象，也没有考虑自己的“另类”行为是否会影响其他同事的工作状态。他们虽然满足了自己的优越感，但却给公司带来了不好的影响。

作为团队领导，尤其要注意团队成员的职业化形象问题。因为在职业化的四个内涵里面，职业化形象是最容易被人发现问题的地方。一次着装不正规，一次说话不到位，甚至是某个行为过于轻佻，立即就能让客户感觉到你不够职业化，从而影响团队与客户之间的合作。

和职业化形象相比，职业化的工作态度和工作道德极其难以控制。要想把它们量化或者标准化，基本上是不现实的想法。但即使如此，团队领导也要想办法提升大家的工作态度和工作道德。

根据心理学的原理，人们的情绪和行为的变化与其对现实世界的认识和看法有密切的关系。对同一事物的认识不同，其引发的态度和行为的变化也不同。一个人对事物的认知状况决定着一个人对事物的态度和行为。优秀的职业人之所以优秀，是因为他们的职业理念是正确的、合理的，是符合职业要求和标准的。

所以，要建立一支训练有素的职业化团队，首先要树立正确的职业理念，告诉员工什么是正确的，什么是错误的；什么是企业支持的，什么是企业反对的。

华为公司在新员工加盟后，首先要把他们送到深圳总部参加军事化的职业培训，给员工“洗脑”。华为会给刚进入公司的每个员工发这样一封信：

“公司要求每一个员工，要热爱自己的祖国，热爱我们这个多灾多难、刚刚开始振兴的民族。只有背负着民族的希望，才能进行艰苦的搏击而无怨无悔。我们总有一天，会在世界通信的舞台上，占据一席之地。任何时候、任何地点都不要做对不起祖国、对不起民族的事情。要模范遵守国家法规和社会公德，要严格遵守公司的各项制度与管理规范。对不合理的制度，只有修改以后才可以不遵守。任何人不能超越法律与制度，不贪污、不盗窃、不腐化。严于律己。我们崇尚雷锋、焦裕禄精神，并在公司的价值评价及价值分配体系中体现；绝不让雷锋们、焦裕禄们吃亏，奉献者定当得到合理的回报。在华为，一丝不苟地做好本职工作就是奉献，就是英雄行为，就是雷锋精神。”

这其实就是在强调员工应该具备的工作态度和工作道德。虽然华为把这种要求上升到了热爱祖国的高度，看似有唱高调的嫌疑，但我们却不得不承认，恰恰是这种更高标准的要求，才让华为的团队在任何时候、任何地点都具备了强有力的战斗力。

在这封信里面，华为并没有将员工的工作态度和工作道德标准化，但它提出了一条底线，这就是要严格遵守公司制度，任何人不能超越法律与制度。可以想象，只要公司的制度和流程合理化、科学化，仅仅这一条底线，就足以保证员工工作的职业化态度和道德。

总的来说，打造职业化团队是件充满挑战的工作。它要求团队领导不仅仅是一名管理者，还应该成为一名教练员、培训员和顾问。

在美国教练中有一句名言：“你越帮助运动员实现理想，运动员就越会把你当作理想的领导者来拥戴。”作为一名职业化的团队领导，不能只满足于个人理想的实现，而要把帮助成员实现他们的理想作为目标，从而提升团队的战斗力。对新组建的团队，团队领导尤其有培养员工的责任与义务。一方面是由于新员工刚刚加入一个组织，对自己的岗位了解不多，自信心较差，工作时唯恐自己犯错误，容易缩手缩脚；另一方面是由于许多员工刚进入组织，没有规范的培训，因此遇到问题就靠自己摸索或模仿老员工，而这些老员工的行为有些是错误的或不规范的。

为了更好地提升团队战斗力，打造优秀的职业化团队，团队领导在分配任务的时候，应该尽量考虑成员的优势和劣势，按照他们的特长进行任务安排。同时，还要根据成员的个人特点进行合理分工，为每个成员制定明确的工作目标和要求，并为他们提供完成工作所需的必要资源。

3. 管理应该管行为

要提升团队的战斗力，就要强化团队的执行力，以保证团队这个“系统”

正常运转。要想实现这一目标，就要以最快的速度让团队成员养成一种符合团队要求的行为习惯，这样团队的执行力才会逐渐形成，并逐渐显示出团队的战斗力。

人们普遍地认为，态度决定了一个人的执行力，因此强化执行力的最好办法就是从改变人们的思想入手。但实际上，通过改变思想去改变一个人的行为，是件非常困难的事情。因为一个人的价值观和他的心智模式，往往是十几年甚至几十年才养成的，要想在短时间内改变，非常的不容易。海明威有一句名言：你可以打倒我，但你无法打败我。其中所蕴含的道理，就是一个人的意志是最难被改变的。

很多团队领导之所以不能管好团队，原因就在这里。他们总想着去说服团队成员，希望通过改变他们的工作态度来改变工作作风。其得到的结果往往是，苦口婆心沟通了很长时间，团队成员当时也听进去了，但过不了多久，又旧态萌发，回到原来的工作状态中去。

如果我们换一种方式，通过改变员工的行为去改变他的思维习惯，效果会如何？

相对来说，改变一个人的行为要比改变一个人的思想要容易得多。以军队为例，新兵入伍后，每个人的处世方式、价值观都不尽相同，如果通过改变他们的思想去改变他们的行为，其难度之大，难以估量。但军队采取的是另一种方式，这就是通过三个月的强化训练，每天练习队形、步伐、口令等，强化他们的团队意识。只需要三个月，这些新兵就能达到部队的基本要求，严格按照部队的制度行动。让人深思的是，即使你从没有对他们进行过思想教育工作，他们的思想也在慢慢转变，而这种转变的轨迹就是：从怀疑自己为什么要这么做到相信自己必须要这么做。

军队采取的其实就是通过改变一个人的行为去影响并重塑他的思维。一开始的时候，新兵可能会对自己被强制做某些动作感到不舒服，甚至会拒绝。但当他每天都在重复相同的动作时，随着时间的推移，他会慢慢接受这些动作，并将它变成一种习惯。当新的行为习惯形成以后，他的思想也在随着行为的改变而慢慢变化，最终养成一种新的思想态度。

从部队出来的军人，身上都有明显的部队作风，无论是做人还是做事，都有很强的原则意识，这其实就是部队不断强化他们行为的结果。当然，无论是哪儿的部队，都会对军人进行思想教育，但这并不意味着他们的军人作风是思想教育的结果。如果仅靠思想教育就能改变一个人的价值观，那么我们无论是做企业还是带团队，都会容易得多。因为我们只要时常地对员工进行思想培训就可以了，而无须每天都在“管人”这个问题上大伤脑筋。

正在为管理头疼的团队领导，可以换一种管理模式，思考一下“行为改变态度”的可行性。毕竟，直接去改变一个人的思维模式，不但难度太大，耗时太长，还容易引起团队成员的不满和抵触，甚至会出现消极怠工、正面对抗等行为；而且，如果互相之间的理念在根本上不协调，很可能会引起团队矛盾的激化，最终导致团队的崩溃。

管理员工的行为，相对来说要容易一些。比如对一个工作态度散漫，做事偷工减料的员工，或者是沟通能力很差，不能正确领会上司下达的任务的员工，以及那些在执行任务的过程中加入自己认为是更高明的另类判断或决策，以至于引起执行偏差的员工，都可以通过贯彻一套标准化、结构化的流程，以及明确的规范和制度来控制和改变他们的行为。

从部队的练兵方式可以看出，强化员工的行为，让他们按照明确的规范养成习惯，虽然他们在开始的时候由于受到流程和规范的约束，觉得不适应，但慢慢地，他们就会觉得执行这些标准化动作是很自然、合理的。如果别人不按照标准化动作执行，他们反而会觉得“不合常理”。

这时候，按标准执行已经成为了员工的一种条件反射或者是潜意识行为，这种潜意识会让他们自觉或不自觉地去维护公司的流程和制度，而这个时候，公司的文化也就真正地深入到了员工的思想深处，变成了他们自己的工作文化。

通过行为改变员工的思想，是很多公司采用的培训方式。比如联想的“入模子”、海尔的“6S 大脚印”等，都是非常经典的案例。

“入模子”是联想的一个惯用语，是指每个进入联想的员工都必须进入联想的“模子”，成为与联想需要相符的联想人。一般员工的“入模子”，最基本的要求就是要按照联想的行为规范做事。而这些行为规范，主要是由财务制度、库房制度、部门接口制度、人事制度等一系列规章制度组成，以岗位责任制为核心，员工只需要遵守它、执行它就可以了。

可见，联想针对普通员工的“入模子”，实际上就是在通过一系列的规章制度强化员工的行为。柳传志对此的看法是：“这个模子等于是一个企业的一个规则，做事的规则。有的是用文字把它定出来，有的是用文化把它形成。在任何一个企业里，如果大家不遵守一个必要的共同的规则的话，那真的什么事情也做不成。所以我觉得这个是肯定要有的，只不过这个模子是可以改的，但要分清楚哪些是可以改的、哪些是坚决不能改的，它永远要有联想的烙印的。”

可以看出，柳传志创造的这个“入模子”培训，与军队的强化训练有异曲同工之妙。通过对新员工的行为进行规范培训，建立他们遵守制度的意识，然后对他们进行相应的文化培训，最后出来的员工就能适应联想的制度与文化要求了。

在联想，管理应该管行为，这主要是针对普通员工而言。对于管理人员和骨干人员，联想的“入模子”培训对他们的工作态度和精神提出了更高的要求，这些要求主要包括如下七点：

第一，要有牺牲精神，在工作中要迎难而上、任劳任怨、胸怀宽广、不谋私利；

第二，要有堂堂正气；

第三，要坚持集团的统一性；

第四，要有全局眼光，知道负责的工作在企业中的位置；

第五，要会带队伍（团队）；

第六，要有求实精神；

第七，要有为民族做一番事业的理想。

这七点要求，对那些只想有份工作维持生活的人来说可能并不切实际，但对处于领导职位，带领一个团队甚至多个团队的人来说，却是必须具备的素质。团队领导的工作以管理与协调为主，如果他们不具备这种更高的素质，他们就无法带领团队完成任务，也无法带出一支有战斗力的团队。

和联想的“入模子”相似，海尔的“6S 大脚印”也是以管理人们的行为来改变人们的工作态度。

海尔“6S 大脚印”的内容是：整理，留下必要的，其他都清除掉；整顿，有必要留下的，依规定摆整齐，加以标识；清扫，工作场所看得见、看不见的地方全清扫干净；清洁，维持整理、清扫的结果，保持干净亮丽；素养，每位员工养成良好习惯，遵守规则，有美誉度；安全，一切工作均以安全为前提。

据说在开始的时候，“6S 大脚印”主要是一个惩罚措施。如果有员工违反公司的规定，就要站到大脚印上反省，并受到公司制度的惩罚，直到认识到自己的错误，受到教育为止。后来，海尔根据需要对它的内涵作了延伸，除了违反制度要站上去反省外，那些工作非常优秀的员工，也可以站上去分享自己的成功经验。

无论是惩罚还是奖励，“6S 大脚印”的目的只有一个，就是通过“站脚印”这个制度化行为，改变人们的工作态度。虽然它不是直接管理员工的工作行为，但它同样起到了用行为改变态度的效果。

以海尔美国公司为例，美国的员工根本不愿意站在大脚印上充当“反面教员”。他们认为有错误可以罚款，可以解除合同，可以失业，但站脚印是侮辱人格，是侵犯人权，所以提出抗议。海尔总部针对这种情况，迅速改变策略，把站大脚印变为奖励措施，即对表现突出的员工，让他们站到大脚印上，给他们戴红花、发奖金，让他们感到特别自豪。使大脚印变为荣誉的象征，这一改变很快受到美国员工欢迎，他们不仅不抗议，而且以此为荣。当站在大脚印上的演讲者越来越多后，车间里的烟卷和收音机也逐渐消失了踪影。

由于文化背景和价值观的不同，直接去改变美国人的工作态度显然并不现实。但通过站脚印这种行为，团队领导无须对他们进行思想教育，他们就会自己改变自己的工作态度。

从本质上讲，改变行为就是重塑一种新习惯。而习惯恰恰是文化的基础或者说是文化的实质，也是文化的表现形式，因为习惯意味着大家对这种行为已经形成认同和共识。因此，当新习惯变成人们的潜意识行为时，“道德约束”的功能就出现了，企业文化也就很好地融入到了员工的工作理念中去。

附录　执行落地的十大理念

一、执行就是不折不扣拿到成果

执行就是不折不扣拿到成果，员工不做成果，企业承担后果。公司不做成果会被市场淘汰，员工不做成果会被公司淘汰。

执行的前提在于服从，服从高于一切，服从是最好的美德，对或错由决策者担当责任，我们需要做的就是坚决彻底地执行。即使决策是错的，由于坚决的贯彻，也会形成有力的执行惯性，确保团队的政令贯通。

1492 年 8 月 3 日清晨，哥伦布带领 87 名由囚犯改编成的水手，驾驶着三艘帆船，离开西班牙的巴罗斯港，开始了人类历史上第一次横渡大西洋的壮举。

海上的航行单调乏味，水连着天，天接着水，水天一色，茫茫无垠。在海上漂泊了一天又一天，一周又一周，水手们沉不住气了，吵着要返航。但哥伦布是一个意志坚定的人，他绝不会让他苦心组建的船队半途而废，留下终身遗憾。他坚持继续向西航行，有时候他不得不拔出宝剑，强令水手们向前。

在茫茫大海上苦熬了两个月后，终于出现转机。1492 年 10 月 11 日，哥伦布看到海上漂来一根芦苇，他和水手们高兴地跳了起来，有芦苇说明附近有陆地。12 日拂晓，他们看到了火光，在海上整整航行了 2 个月零 9 天后，哥伦布他们终于发现了新大陆。

哥伦布曾说："即使决定是错的，那我们也可以通过执行来把事情做对，而不是回头讨论。"

二、不是强者淘汰弱者，就是弱者淘汰强者

不是强者淘汰弱者，就是弱者淘汰强者。淘汰落后是对强者的保护。

公交车上，你一起身，你的位置会立即被别人占去，你的位置有很多人窥视，如果你不坐稳，你的位置将会被更多人夺去，生活就是一场位置争夺战，弱者总是会被淘汰。

企业不应向员工承诺提供终身就业，而应该努力让他们拥有终身就业的能力。我们失去一位优秀员工是一种罪恶，但我们不淘汰平庸员工也是一种罪恶。

三、信守承诺、成果导向、永不言败

对自己负责的人，他们信守承诺、成果导向、永不言败。有两种人永远无法成功：只做别人交代的事的人和连别人交代的事都做不好的人。

建安三年四月，曹操出征张绣途中，下了一道命令，各位将士经过麦田时，不得践踏庄稼，否则一律斩首。一日曹操正在骑马行军途中，忽然一只斑鸠受惊从田中飞出，曹操坐骑因此受惊窜入麦田，踏坏一大片麦子。

曹操立即叫来行军主簿，要求军法处置，主簿十分为难，曹操却说：我自己下达的禁令，现在自己违反了，如果不处罚，怎能服众呢？当即抽出随身所佩之剑要自刎，左右随从急忙解救，这时谋士郭嘉急引《春秋》中“法不加于尊”为其开脱。此时曹操便顺水推舟，说一句“既《春秋》有‘法不加于尊’之义，吾姑免死”，但还是拿起剑割下自己一束头发，掷在地上对部下说：“割发权代首”，并叫手下将头发传示三军，将士们看后，更加敬畏自己统帅，没有出现不遵守命令的现象。这就是曹操“割发代首”的故事。

点评：这个故事强调领导表率的作用。

有位医学院的教授，在上课的第一天对他的学生说：“当医生，最要紧的就是胆大心细！”说完便将一只手指伸进桌子上一只盛满尿液的杯子里，接着再把手指放进自己的嘴中。随后教授将那只杯子递给学生，让这些学生学着他的样子做。看着每个学生都把手指探入杯中，然后再塞进嘴里，忍着呕吐的狼狈样，他微微笑了笑说：“不错，不错，你们每个人都够胆大的。”紧接着教授又难过起来，“只可惜你们看得不够仔细，没有注意到我探入尿杯的是食指，而放进嘴里的却是中指啊！”

点评：教授这样做的本意，是教育学生在科研与工作中都要注意细节。相信尝过尿液的学生应该能够终身记住这次教训，越不注意细节，执行力越差，所犯错误就越大。

四、人们只会做你监督的事情

人们不会做你希望做的事情，只会做你监督检查的事情。

没有检查就没有执行力。在企业管理中，经常性的做法是领导者布置任务，提出对工作的具体要求，并规定完成的时间，员工按照上级的指示按部就班地执行。

如果员工的自我约束力较强，能够不打折扣地执行任务，领导自然会收到预期的结果，但是如果领导只注重布置任务，忽视了对员工的执行情况进行检查，领导所期望的结果就会成为泡影。

不少公司制定了很多程序和制度，引进了许多著名企业的先进经验，但程序和制度在实施中常常多走形变样，最终这些先进经验毫无结果，其中的原因之一就在于企业的检查系统存在漏洞。因此没有检查，就不会有执行！

因为按照管理学的原理，很多员工并非是积极主动做领导希望做的事情，而是只做领导检查的事情。领导要检查什么他才会做什么，并力求做好。

因为人的思维意识中总是有惰性成分的，在外界压力缺失的情况下，惰性就会在一些自觉性较差的员工身上滋生。此外，人的行为链中还有惯性因素，要克服不良的惯性行为，树立可贵的自觉行为，同样离不开上级的检查。

如果你只要求、不检查，员工就不会按照你的意愿去做，只是敷衍了事，还会寻找对策逃避责任，对自己有利的就执行，不利的就不执行，非执行不可的就执行，能不执行的就不执行。而且即便有考核规范，也难以保证领导的决策能落到实处。

因此，增强员工执行力，离不开上级有力的检查，你强调什么，就要检查什么，只有检查才能更好地了解基层执行的水平，执行计划是否到位，执行措施是否有力，及时对执行结果进行反馈总结，防止出现不可控制的局面，

避免要求提了很多，希望讲了不少，决心下了很大，到头来毫无结果。

在检查任务的执行情况时要注意以下几方面：

检查的时间不要固定。但不管何时检查，要注意每天都要坚持检查，这样才能避免员工抓住检查规律，应付检查，检查时一个样，背后一个样，使检查失去意义。再有，每次检查的内容也要有所变化。检查时不要妄想一次就把工作的方方面面检查清楚，而要抓住重点，一次侧重几个检查点，时间长了就会把工作的各个方面了解透彻。

使每个员工不敢懈怠。另外，检查要常抓不懈。不能前紧后松，虎头蛇尾。要注重细节检查，对执行人员拖拉、马虎、敷衍了事的态度要采取适度的惩罚措施。

通过检查促进执行力的落实，还要坚持实事求是的原则，对每项工作的执行情况都要仔细了解，对于执行不力的情况及时采取相应的措施，弥补不足，纠正错误，通过检查，员工也可以发现自己在思维和执行方法上需要改进的地方。

一个储满水的木桶，只要抽掉一块木条，木桶里就没水了；假如木桶的顶端参差不齐，那么水只能在顶端的最低部分。

企业也是如此。现在的企业不是靠一个人、一种资源、一个广告就能长治久安的，而是这个企业的每一个员工都要“精”。因为人是一种替代品，假如每个人的能力、素质都相当强，其整体的替代性就小，核心的人力资本在相对量上就会取得优势！

因此，一些竞争激烈或高科技的企业必须把人力资源作为头等大事，做整体性的规划，塑造专家型的群体或组织，把人的强势变为一种胜势。

点评：执行的结果取决于执行力最差的员工，因此必须要不断提高员工的素质。

五、要成为成果的制造者

要成为成果的制造者而不是问题的汇报者，要为成功找方法，不为失败找借口，哪怕是合理的借口。

老板叫一个员工去买复印纸。员工就去了，买了 3 张复印纸回来。老板大叫：“3 张复印纸怎么够？我至少要 3 摞。”员工第二天就去买了 3 摞复印纸回来。老板一看，又叫：“你怎么买了 B5 的，我要的是 A4 的。”员工过了几天，买了 3 摞 A4 的复印纸回来，老板骂道：“怎么买了一个星期，才买好?”员工回答：“你又没有说什么时候要。”

就买复印纸这件小事，员工跑了三趟，老板气了三次。老板会摇头叹道，员工执行力太差了！员工心里会说，老板能力欠缺，连个任务都交代不清楚，只会支使下属白忙活！

点评：想进行有效地沟通，就要做到双向沟通，这是管理机制中最为重要的一部分。

六、执行性人才才会成功

未来只有一种人会成功，那就是执行性人才。什么叫不容易？把一件工作重复做千万次而从不出错就叫不容易。成果导向、强者作为、担当责任、投入专注是职场的灵魂。

海尔集团目前已发展成为称雄国内外市场的企业集团。今天的海尔为什么这么强大，知名度这么高？海尔为什么会做得这么好呢？其实，海尔也是从每件小事做起，也是从一家不起眼的小公司发展起来的。

在海尔集团，你会看见这样一个标牌：日事日毕，日清日高。海尔的所有人都会以此作为目标。在张瑞敏把那七十六台冰箱砸掉后，每个人的心中都以它时刻提醒自己，要有强烈的责任心，做好每件小事，每个细节。海尔终于在中国的市场上拿下了第一块“金牌”。

点评：日事日毕，日清日高，执行力要从每日的工作做起。

七、找准自己在组织中的位置

执行的首要问题是找准自己在组织中的位置，从一个员工到中层领导，最大的变化就是从乘客到司机、从大气层到放大镜、从太阳光到激光。

台湾某家电器公司曾在 1997 年做过一次组织扁平化的改革。该公司当时进行组织改造的原因，一是 1996 年家电产业受整体经济景气低迷及市场饱和的影响，公司营运获利大幅度降低，未来市场前途未卜；二是全球产业的趋势转向新兴的科技电子信息市场发展，使高度成熟的家电业倍感压力。

为了抛开企业包袱，提高公司形象及经营绩效，公司设立了革新小组，对部门进行了调整和组织扁平化。原公司人事架构共有9级，任务分派不清，许多人的工作是重复的。扁平化之后，消减了20%经理级以上的主管人员，把原来9级缩减为3个层级，在扁平化的组织架构下，公司初步分为营业本部、电子事业部和家电事业部。

事业部之下则设战斗体，事业部设有总经理1名，各战斗体之下设经理和专员。这样一来，消减了中间主管，缩短了决策过程，下面直接对董事长和总经理负责，从而提高了总体的生产力。

点评：组织结构对执行力有重要影响，优化组织结构对于提高执行力非常重要。

八、始终锁定你肩上的责任

始终锁定你肩上的责任，凡是有计划就一定要成果，哪怕是阶段性的成果。

有一个农夫一早起来，告诉妻子说要去耕田，当他走到40号田地时，却发现耕地机没有油了；他原本打算立刻去加油的，突然想到家里的三四只猪还没有喂，于是转回家去；在经过仓库时，他望见旁边有几个马铃薯，他想起马铃薯可能正在发芽，于是又走到马铃薯田去；路途中经过木材堆，他又记起家中需要一些柴火；正当要去取柴的时候，他看见了一只生病的鸡躺在地上……

这样来来回回跑了几趟，这个农夫从早上一直到太阳落山，油也没加，猪也没喂，田也没耕……

很显然，最后他什么事也没有做好。

点评：计划是执行的前提，没有好的计划就不可能有好的执行力。

九、让成果提前，自我后退

要获得客户价值，就要让成果提前，自我后退。

有家招聘高级管理人才的公司，对一群应聘者进行复试。尽管应聘者都很有自信地回答了考官们的简单提问，可结果却都未被录用，只得快快而去。

这时，有一位应聘者，走进房门后，看到了地毯上的一个纸团。地毯很干净，那个纸团显得很不协调。这位应聘者弯腰捡起了纸团，准备把它扔进纸篓里。

这时考官发话了："您好，朋友，请看看您捡起的这个纸团吧！"这位应聘者迟疑地打开纸团，只见上边写着："热忱欢迎您到我公司任职。"几年以后，这位捡纸团的应聘者成为了这家著名公司的大总裁。

点评：一个不经意的细节就决定了面试的成败，也说明人的素质是由细节表现出来的。

十、执行就是做成果

执行就是做成果，一个差的成果比没有成果强。

所谓执行力，指的是贯彻战略意图，完成预定目标的操作能力。是把企业战略、规划转化成为效益、成果的关键。执行力包含完成任务的意愿、完成任务的能力、完成任务的程度。

执行力，对个人而言执行力就是办事能力；对团队而言执行力就是战斗力；对企业而言执行力就是经营能力。而衡量执行力的标准，对个人而言是按时按质按量完成自己的工作任务；对企业而言就是在预定的时间内完成企业的战略目标。

有一群老鼠开会，讨论怎样应对猫的袭击。一只被认为聪明的老鼠提出，给猫的脖子上挂一个铃铛。这样，猫行走的时候，铃铛就会响，听到铃声的老鼠不就可以及时跑掉了吗？大家都公认这是一个好主意。可是，由谁去给猫挂铃铛呢？怎样才能挂得上呢？这些细节问题却无从解决。于是，"给猫挂铃铛"就成了鼠辈空话，人类笑谈。

点评：制定任何一个战略决策和规章法案，都要想到细节，重视细节。任何对细节的忽视，都可能导致决策失误，更无从谈执行。

子行博士点拨：执行力就是把想法变成行动。把行动变成结果。

企业执行力弱的原因往往就是：有了想法没有行动，有了行动看不到预期的结果。

我们经常发现有的员工自以为是，在执行中修改、偏离公司的决策，他们虽然在行动上有不俗的表现，但结果上却不尽如人意。

执行力是全体员工的事情，必须建立“上下同欲者胜”的理念，培养团队成员“合心、合力、合拍”的协作精神。

跋

提升执行力就是提升核心竞争力

为什么看似雄心勃勃的计划，往往一败涂地，看似很好的决策却一而再，再而三地付诸东流?

问题的原因集中到一点：执行力不足！面对工作，力气花了不少，步步艰难，原因找了很多，办法也想了不少，但还是收效甚微。其实，工作成绩的提高，工作成果的增强，关键也在于执行力。

战略可以复制，差别在于执行。没有执行力就没有竞争力。执行力不仅是成功的法宝，也是我们工作提升的核心。

1. 提升执行力需要彻底的蜕变和基因变革

说起来执行力也不是什么新事物，它就是一种良好的工作态度，是全体工作人员应具备的认真的工作状态，是贯穿工作全过程的对待本职工作的理念和奉献精神。

值得注意的是，很多人对中国人的评价是非常聪明，但很少有人说我们的工作态度好。德国人在工作中，认为讲“差不多”、“还可以”、“说得过去”、“马马虎虎”是让人感到羞耻的语言，而我们却常将其挂在嘴边也不以为然，中国和德国、日本、韩国等相比，恐怕最大的区别就是工作态度，也就是说我们的执行力与他们相比还有很大差距。

更让人担心的还有我们在层层解码过程中的衰减和走样问题，一方面是对执行力的偏差不以为然，另一方面思想观念上不追求完美，监督过程不力，碍于人情关系，大家“和睦”相处，即便有标准，有要求，也被“说得过去”抹平了，这是我们各项工作获得成功的一个致命的障碍，也是我们中华民族的一个弱点。

我们不是没有执行能力，而是没有很用心地执行。“神舟飞船”这么难的工程都完成了，表现了我们很强的执行力，但我们有些企业生产的电池、螺丝钉的质量却那么粗糙，这就是执行力的差别。

“神舟飞船”世界瞩目，中央领导亲自干预，是一项政治任务，所有工作环节都十分认真，一丝不苟，工作态度超乎一般的好，所以能够成功，而电池、螺丝钉的生产没有这样的轰动效应，工作态度不好时生产质量就下来了。

我们生产每一种产品不可能都兴师动众，领导干预，当作政治任务来完成，关键还是提升执行力，养成好的工作态度，因为做任何事都怕“认真”二字。

联想创始人说：“所谓执行力，就是把合适的人放到恰当的岗位上。”用人是根本。美国通用公司原总裁说：“通用最恨官僚主义。我们拒绝把资源浪费在行政体系上。”

2. 提升执行力需要动真格的，不玩虚的

执行力强表现在层层解码准确无误，没有衰减，层层执行不折不扣，分工具体，落实到位，检查到位，严格标准。

执行力不强的表现有以下 7 个方面：

（1）管理者（各层）没有常抓不懈。

（2）出台各种制度、计划、方案时不严谨，或本身存在不合理，缺少针对性、可行性。

（3）执行过程过于烦琐。

（4）不善于解码、分工和及时汇报、汇总。各层不善于思考，责任不明确甚至不理解，缺少具体有效的措施和办法。

（5）对执行的偏差没有感觉，也不觉得重要，个性上不追求完美的成功。在界定的职责范围内，不能尽职尽责地处理问题，对“标准”的要求不能也不想坚持。

（6）只重视业务上的培训，忘了理念上的更新和改造。人的思想与心态没有进入主动性、创造性地研究性工作状态。

(7) 缺少科学的监督考核机制。没人监督，也没有监督办法和自我监督的意识，养成了推诿的习惯，有问题首先想到的是推卸责任。

一般的执行力问题，都可在以上 7 个方面找到原因。要形成良好的工作态度，有问题并不可怕，要及时分析，找出解决问题的措施和办法，扎扎实实地进行整改，才能使执行力不断提升。

如果执行力总是处于较低水平，执行过程总是打折扣，那么提升企业竞争力就是一纸空谈。

于　行

2013 年 5 月